AI学伴

中学生全科高效学习助手

宋夏成 孙露 等 编著

化学工业出版社
· 北京 ·

内容简介

《AI学伴：中学生全科高效学习助手》以"AI赋能全学科学习"为核心，系统构建了从AI基础认知到跨学科实践应用的完整体系。全书通过六章内容，既阐释了AI技术原理与进化历程，更以豆包AI、即梦AI等工具为载体，创新性地设计了语文、数学、外语学科突破，地理、物理、生物、化学多元探索，音乐、美术等多媒体创作三大模块。特色在于将AI技术与中小学课程体系深度融合，通过《龟兔赛跑》双语学习、《三国演义》人物解析以及物理现象可视化、化学实验模拟等多个生活化案例，构建"提问-检索-创作-应用"的四维学习法。其价值不仅在于教授AI工具使用，更着重培养信息筛选、创意表达、跨学科思维等21世纪核心能力。

本书既可作为中学生自主学习的手册，也为教师创新教学方式提供实践指导，同时，也可以作为家长辅导孩子正确使用AI的枕边书。

图书在版编目（CIP）数据

AI学伴 ：中学生全科高效学习助手 / 宋夏成等编著. 北京 ：化学工业出版社，2025. 11. -- ISBN 978-7-122-49055-1

Ⅰ. G632.46

中国国家版本馆CIP数据核字第2025PX3627号

责任编辑：雷桐辉　　装帧设计：王晓宇

责任校对：刘曦阳

出版发行：化学工业出版社

（北京市东城区青年湖南街13号　邮政编码100011）

印　　装：北京瑞禾彩色印刷有限公司

787mm×1092mm　1/16　印张10¾　字数206千字

2026年2月北京第1版第1次印刷

购书咨询：010-64518888　　售后服务：010-64518899

网　　址：http://www.cip.com.cn

凡购买本书，如有缺损质量问题，本社销售中心负责调换。

定　　价：69.80元

前言

PREFACE

在科技飞速发展的当今时代，人工智能已悄然走进我们生活的方方面面，从日常生活中的智能语音助手、推荐系统，到各领域的专业应用，AI 正以前所未有的速度改变着世界。而对于中学生来说，了解和掌握 AI 知识与技能，不仅是适应未来社会发展的关键，更是开启智能奇幻之旅、挖掘自身潜力、培养创新思维与能力的重要途径。

《AI 学伴：中学生全科高效学习助手》这本书正是基于这样的目的而诞生，旨在为中学生打造一套系统、全面且富有趣味性的人工智能学习指南。本书具有以下特色：

① 系统全面的基础知识讲解：本书从认识 AI 世界入手，逐步引导中学生探索 AI 在生活中的广泛应用。在这里，AI 不再是遥不可及的高科技，而是触手可及的智能伙伴。我们详细介绍了 AI 的定义、进化历程以及未来发展趋势等基础理论知识，帮助中学生筑牢学习 AI 的根基，让他们对 AI 有一个全面且深入的初步认知。

② 实用有趣的工具应用展示 ：书中重点介绍了豆包 AI、豆包爱学 APP 等实用工具，通过具体的功能模块和实际操作案例，展示了 AI 如何助力中学生在学习、生活、创作等方面实现跨越式的进步。无论是语文、数学、英语等学科知识的学习，还是地理、物理、生物、化学等全学科思维的拓展，AI 都能成为中学生的得力助手，激发他们的学习兴趣，提高学习效率，培养自主学习能力。同时，本书还深入探讨了 AI 在音乐、美术等艺术领域的创新应用，带领中学生踏

入一个充满无限可能的数字艺术世界，让他们可以尝试创作独特的艺术作品，释放自己的想象力和创造力，用全新的方式表达内心的想法和情感。

我们相信，这本书将成为中学生探索人工智能世界的美好开端。它不仅是一本知识读本，更是一把开启智能未来之门的钥匙。希望每一位中学生读者都能在阅读这本书的过程中，激发对人工智能的浓厚兴趣，培养勇于探索和创新的精神，积极拥抱这个充满机遇与挑战的 AI 时代，在智能奇幻之旅中不断成长、进步，成为未来社会的创新者和引领者，用人工智能创造更加美好的明天。

本书在编写过程中，得到了金静等参编作者的大力支持。他们为本书的案例整理与内容完善付出了辛勤的努力，在此表示衷心的感谢。

编著者

目录

CONTENTS

第 1 章

认识 AI 世界

第 2 章

生活中的 AI 好帮手——豆包 AI

第 6 章

音乐美术全能多媒体教室：即梦 AI

135

ARTIFICIAL INTELLIGENCE

第 1 章 认识 AI 世界

1.1 AI是什么：揭秘神秘 AI 面纱

1.1.1 AI的神奇魔法：让机器变聪明

同学们，想象一下：你对着智能音箱说“来首轻快的歌”，它马上播放出合你心意的旋律；你打开学习软件，它总能精准推送你没掌握的知识点。这些奇妙体验背后，藏着魔法——AI（人工智能），就是赋予机器“像人一样思考、行动”能力的技术。它让机器能“听”懂人类语言，“看”懂图像视频，甚至“学习”规律去解决问题。比如你爱刷美食视频，AI 会悄悄分析你的喜好，不断推送让你流口水的新内容。这不是魔法，而是 AI 在发挥它的“聪明才智”，把机器变得像贴心小伙伴，急你所需，懂你所想（图 1-1）。

图 1-1　懂你的 AI

1.1.2 AI的超能力：从学习到创造

AI 不仅能“听懂话”，它还有更厉害的超能力——学习与创造。你写作文时，AI能当灵感小助手，根据主题“编”出精彩故事（图1-2）；你学编程，AI能帮忙检查代码错误，甚至给你演示怎么写出更棒的程序。再看艺术领域，AI能模仿梵高（凡·高）的笔触画星空，能根据你的描述创作动漫角色；音乐方面，它能编曲、混音（图1-3），说不定未来热门歌曲里就有AI的功劳！AI就像一个不断进化的“超级大脑”，既能快速学习千万知识，又能发挥创意，创造出让人惊叹的东西。想不想知道这颗“大脑”是怎么炼成的？接下来，我们就深入探索AI的神秘世界！

图1-2 创作文章的AI

图1-3 创作音乐的AI

1.2 AI进化史：从过去到现在

1.2.1 萌芽与诞生：AI的“初始设定”

AI的故事非常有意思！其实早在古代，人类就幻想拥有聪明的机器伙伴，神话里有会干活的机械人，古籍中记载着能“唱歌跳舞”的机关装置。但真正科学意义上的AI，直到20世纪才“呱呱坠地”，如图1-4所示。1956年，一群很有远见的科学家聚在美国达特茅斯学院，正式给AI“办生日会”——提出了“人工智能”这个词。那时候的计算机像个“小婴儿”，算力弱得很，AI只能在简单逻辑游戏里“蹒跚学步”，如下棋、做基础推理。但这可是关键的一步，就像游戏里解锁了新角色，AI的冒险之旅就开始啦！

Definition 定义

The Dartmouth Conference was a pivotal meeting held in 1956 that marked the formal beginning of artificial intelligence as a field of study. This conference brought together key figures from various disciplines to discuss and explore the potential of machines to simulate human intelligence, laying the groundwork for future research in computer science and AI. It established the idea that computers could be programmed to perform tasks that required human-like reasoning, sparking significant advancements in both theoretical and practical applications of artificial intelligence.

达特茅斯会议是 1956 年召开的关键会议，标志着人工智能作为一个研究领域的正式开始。本次会议汇集了来自各个学科的关键人物，讨论和探索机器模拟人类智能的潜力，为计算机科学和人工智能的未来研究奠定基础。它确立了这样一种理念，即计算机可以被编程来执行需要类似人类推理的任务，从而引发了人工智能理论和实际应用的重大进步。

图 1-4 人工智能的定义由来

1.2.2 成长与蜕变：从笨拙到全能

AI 诞生后，慢慢“学本领”。后来它掌握了“专家系统”，能像专业小助手一样，帮医生诊断疾病、助地质队找矿产，在春晚表演的宇树科技人形机器人如图 1-5 所示。可这时的它还像个只懂课本的学生，只会在特定领域“照本宣科”。

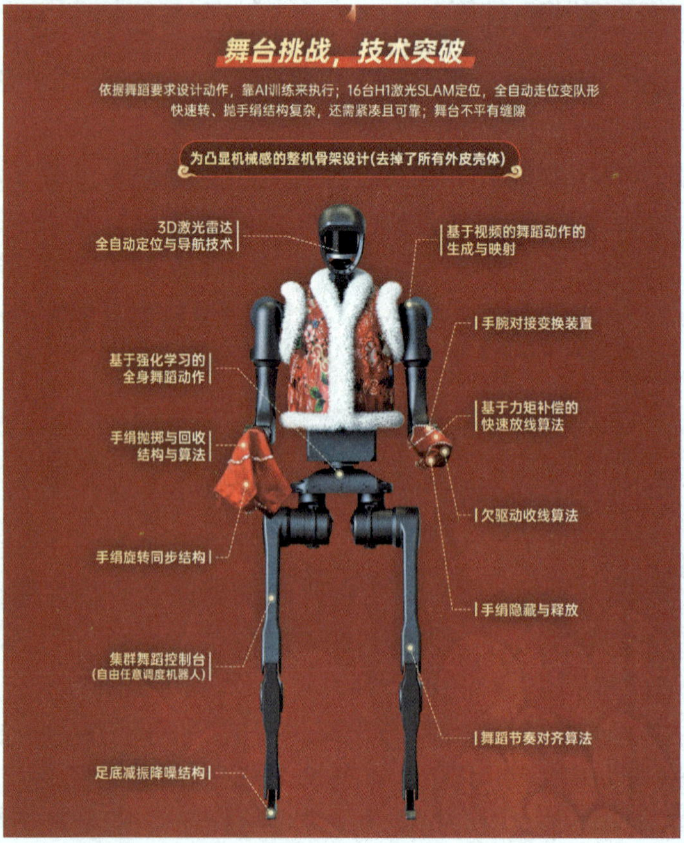

图 1-5 在春晚表演的人形机器人

直到最近这些年，AI 突然“开挂”！大数据成了它的“知识大餐”，海量信息随便“吃”；算力提升如同装上“超级引擎”，运行速度飙起来；深度学习技术更是神助攻，让 AI 学会自己“思考”。现在的它，能听懂你说话（智能音箱秒回指令）、看懂照片（相册自动分类），甚至在棋盘上杀得你片甲不留（围棋 AI 超厉害）。从幻想中的神秘存在，到如今无处不在的智能伙伴，AI 的进化就像超级英雄升级，是不是超燃？想知道它如何一步步解锁神技能？让我们接着探索！

1.3 AI 在生活中的应用：AI 就在我们身边

1.3.1 生活便利小助手：无处不在的AI服务

清晨，你只要说一句“早上好”，智能音箱就会播放轻快音乐，同时告诉你当天天气；当你准备上学时，手机导航已帮你规划好最短上学路线，避开早高峰拥堵——这就是 AI 在生活中的日常“表演”，如图 1-6 所示。

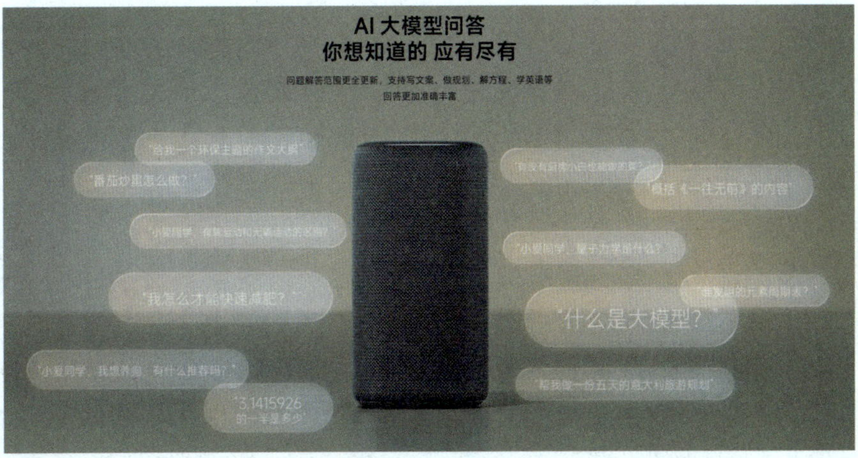

图 1-6　AI 智能音箱

打开抖音、B 站，刷到的视频全是你喜欢的类型，淘宝推荐的商品总让你心动，这是 AI 通过分析你的浏览记录，悄悄记住你的喜好，送上的“专属定制”。点外卖时，AI 也在默默工作，根据区域订单量预测送餐时间，让你少一些等待焦虑。

再看家居生活，智能扫地机器人能自动躲避桌椅，把房间扫得干干净净；智能空调会根据室温与你的习惯，自动调节温度；遇到问题想咨询，电商平台的智能客服能快速回复消息，24 小时在线解答，比真人还“勤快”。这些看似神奇的操作，都是 AI 在背后默默发力，让生活像开了“便捷加速键”，如图 1-7 所示。

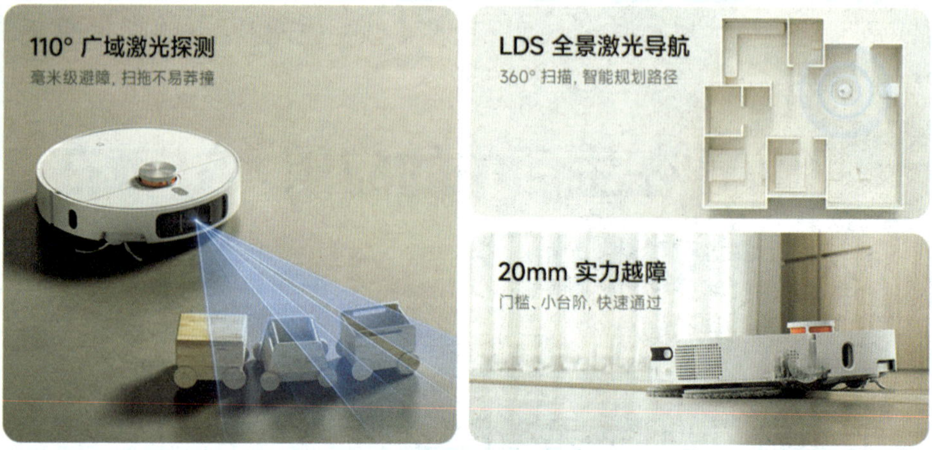

图 1-7　智能扫地机器人

1.3.2　健康学习好伙伴：AI的贴心守护

（1）医疗

身体不舒服时，AI 医疗助手能帮你初步分析症状，推荐对应科室；智能手环时刻监测你的心率、睡眠，发现异常就提醒你注意休息。在医院，AI 辅助医生分析 CT 影像，更快找出病灶，就像给医生配了“透视眼”。

（2）学习辅导

写作业时，拍照搜题功能用 AI 快速匹配思路，讲解步骤清晰明了；英语作文提交后，AI 快速批改，语法错误、用词建议一一列出；口语练习时，AI 当陪练，纠正发音还能打分。学习软件里，AI 根据你的错题自动生成专属练习，精准突破薄弱点。就连运动健身，AI 也能当“私教”，智能手表记录运动数据，推荐燃脂计划。

（3）游戏娱乐

游戏里，AI 对手会根据你的操作风格调整策略，让对战更刺激；音乐 APP 中，AI 推荐的冷门歌曲总能戳中你的心。AI 就像一个全能伙伴，在生活每个角落释放能量，既实用又有趣，是不是很厉害？想不想知道它未来还能解锁哪些神技能？

1.4 未来的 AI 可能是什么样子

1.4.1 更聪明的AI：像人类一样思考与创造

你有没有想过，未来的 AI 可能比最聪明的科学家还要厉害？比如现在的 AlphaFold 已经能预测蛋白质结构，未来的 AI 或许能直接“破解”宇宙奥秘——分析宇宙射线数据发现新星系，或是模拟气候变化找到碳中和的最佳方案，如图 1-8 所示。它还能像人类一样“理解”语言背后的情感和文化：当你说“今天考试砸了，心情像坐过山车”，AI 不仅知道你很难过，还会为你播放治愈的音乐；和外国朋友聊天时，它会自动把你的“梗”翻译成对方能懂的幽默，就像有个随身翻译官兼心理咨询师。

图 1-8　像人一样思考的 AI

1.4.2 更贴心的AI：从助手变成“伙伴”

未来的 AI 会悄悄走进你的生活，成为比朋友更懂你的“超级伙伴”。它会根据你的基因推荐早餐（比如提醒乳糖不耐受的你别喝牛奶），根据你的课表和错题本生成专属学习计划，甚至在你练琴时实时纠正指法——就像有个24小时在线的私人教练，如图1-9所示。更酷的是，脑机接口技术可能让AI成为你的“外挂”，戴上智能头环，你能瞬间记住整本英语单词，或是用意念操控无人机拍校园美景。那时候的AI不再是手机里的工具，而是能陪你聊天、帮你解决问题，甚至和你一起创作的好朋友——比如你构思了一个科幻故事开头，AI能顺着你的思路写出精彩的情节，你们可以合作完成一部小说！

图1-9　AI好伙伴

从帮人类解开科学难题，到成为日常生活中形影不离的伙伴，未来的AI会像空气一样自然地融入我们的世界。它会变得更“懂”我们，也会让我们的生活充满更多想象——而这些变化，可能就从你现在对AI的好奇开始！

ARTIFICIAL INTELLIGENCE

第 2 章

生活中的 AI 好帮手——豆包 AI

在第 1 章里，我们一起探索了 AI 的起源、发展以及它们所蕴藏的无限可能，仿佛打开了一扇通往未来的大门。那么，AI 又是如何真正走进我们的生活的呢？这一章就带你揭开答案。让我们一起来认识以豆包为代表的 AI，看看它们如何变身为我们贴身的 AI 魔法助手，陪我们开启更加有趣、智能的日常旅程！

2.1 AI 与人类智能的对比：谁更聪明

在简单介绍完 AI 后，一个问题随之而来："AI 这么厉害，那与人类相比，谁更聪明？"这个问题看似简单，但回答却不是那么容易。接下来，我们将从多角度进行对比分析，看看各自的强项和局限，也看看当两者协作时，会激发出怎样的火花！

关于聪明。聪明不仅仅是记住一长串数字或快速解答数学题，它更像是一把多功能的瑞士军刀，包含了记忆、思考、创造、情感以及适应新环境等多种能力。因此，我们将从四个维度对比人类与 AI 的能力。

让我们看看人类和 AI 谁更聪明，从四个方面对比一下。

① **观察力**：人类不仅能看到，还能感知温度、气味、声音等细节，比如你走进房间，能马上感觉到空气湿度变化。而 AI 依赖传感器"看"，比如监控摄像头可以识别物体，但它无法理解复杂场景中的细微差别。

② **记忆力**：人类能记住很多事情，但有时会忘记，比如你记得某次旅行的细节，但可能忘了带的东西。AI 则能存储大量信息，随时调用，像搜索引擎一样快速，但它缺少情感记忆和联想能力。

③ **思维力**：人类的大脑灵活，能处理新问题，比如解数学题时，我们不仅依赖公式，还能灵活调整思路。AI 擅长完成固定任务，比如在医学图像中找到异常，但遇到没见过的情况就容易卡住。

④ **想象力**：人类能创造出新奇的想法，比如画家能凭空构思出一幅画，而作家能编织一个完全不同的故事。AI 的"想象"更多是根据已有数据组合，比如生成图像或文字，但它无法像人类一样真正创新。

总而言之，虽然 AI 在处理数据时很高效，但在人类的观察、记忆、思维和想象方面仍然不如我们灵活和有创造力。

2.2 日常聊天：和豆包轻松对话

2.2.1 情景再现：好奇的小明想知道飞机为什么会飞

小明同学是一个初三的学生，他对万事万物都充满着好奇。有一天，小明问豆包："飞机为什么能飞起来？"与豆包对话如图 2-1 所示。

图 2-1 与豆包对话－问飞机为什么能飞

首先，豆包会深度思考一下这个看似简单的问题，如图 2-2 所示。这个部分，豆包会认真思考这个问题本身，并且尽可能地找寻相关的资料，以免回答的时候会出现问题。

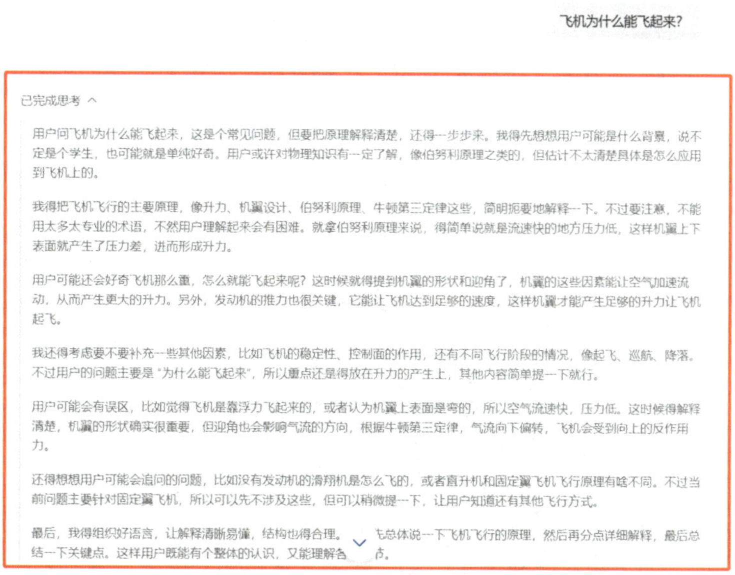

图 2-2 深度思考

思考片刻以后，豆包就开始正式回答小明的问题，如图 2-3 所示。关于飞机起飞的原理，它给出了三个主要理论原因："机翼独特的设计、伯努利原理的作用、牛顿第三定律的体现”。

飞机能够飞起来，主要依靠机翼在空气中运动时产生的升力，这一过程涉及伯努利原理和牛顿第三定律。下面为你详细剖析其核心原理：

机翼独特的设计

机翼的横截面呈现出上凸下平的形状，这种设计十分关键。当飞机向前飞行时，空气会分别从机翼的上下表面流过。由于上表面弯曲，空气在流动过程中需要经过更长的路径，导致其流速变快；而下表面较为平直，空气流动路径相对较短，流速也就较慢。根据伯努利原理，流体流速快的地方压强小，流速慢的地方压强大。因此，机翼上表面的压强小于下表面的压强，进而产生了向上的升力。

伯努利原理的作用

伯努利原理表明，在流体（这里指空气）的流动中，速度和压力之间存在着特定的关系。当空气流经机翼时，上表面空气流速快、压力低，下表面空气流速慢、压力高，上下表面形成的压力差直接推动机翼向上运动，这就是升力的来源。

牛顿第三定律的体现

除了伯努利原理，牛顿第三定律在飞机飞行中也发挥着重要作用。机翼并非完全水平，而是有一个小的仰角，即迎角。当空气撞击机翼下表面时，会被向下偏转。根据牛顿第三定律，力的作用是相互的，机翼也会受到一个向上的反作用力，这进一步增加了升力。

图 2-3　豆包回答飞机能飞起来的原理

随后，豆包给出了一些其他的相关因素，比如“空气密度、飞行速度、机翼面积”，如图 2-4 所示。

其他相关因素

- **空气密度**：空气密度越大，机翼产生的升力也就越大。这也是为什么飞机在高原机场（如拉萨贡嘎机场）起飞时需要更长的跑道，因为高原地区空气稀薄，密度较低。
- **飞行速度**：飞行速度越快，机翼与空气的相对运动速度就越快，产生的升力也就越大。
- **机翼面积**：机翼面积越大，能够接触到的空气就越多，产生的升力也就越大。大型客机通常拥有较大的机翼，以满足其巨大的载重需求。

总结

飞机飞行是空气动力学原理综合作用的结果。机翼的特殊形状和迎角设计，结合发动机的推力，使飞机能够突破重力的束缚，在空中自由飞行。

图 2-4　豆包给出的飞机能飞的其他因素

2.2.2　趣味化回答

但是这些知识对于初三的小明来说有点复杂了，如图 2-5 所示。于是他继续与豆包对话，想让豆包解释得简单通俗一点，并且说明了自己是初三学生。

看到这条消息以后，豆包开始简化知识，如图 2-6 所示。新的内容不仅能勾起小明更多的好奇心，而且也尽可能地保留之前的科学知识。

这些理论有一点难理解。我今年才初三，能不能解释得更好理解一些？

深度思考

图 2-5　与豆包对话 - 让它解释得通俗一些

没问题！我用更简单的生活例子来解释，保证你能听懂～

一、飞机的"翅膀"很特别——像会兜风的"曲面"

飞机的机翼（翅膀）上面是弯的，下面是平的（或者稍微有点弯）。你可以想象成 **"上凸下平"的形状**，就像你把一张纸的一端举高，纸会自然弯成弧形（比如对着纸条上方吹气，纸条会飘起来，就是这个道理）。

二、空气"跑"得越快，"推"力越小——伯努利原理的通俗版

当飞机向前跑时，空气会从机翼上方和下方同时流过：

- 机翼 **上方是弯的**，空气需要"绕远路"，所以跑得更快（就像体育课跑步，外圈的同学要比内圈的同学跑得快，才能同时到达终点）；
- 机翼 **下方是平的**，空气跑得慢。
  重点来了：空气跑得越快，"推"机翼的力越小；跑得越慢，"推"力越大。
  所以，机翼下方的空气"推"力大，把机翼往上顶；上方"推"力小，相当于"吸"机翼往上。上下一挤，就产生了 **向上的升力**（就像你用吸管吹水面，水面会被"吸"上来一样）。

三、机翼还会"拍"空气——牛顿第三定律的通俗版

除了形状，机翼还有个小角度（稍微向上翘），就像你跑步时把手里的伞稍微倾斜。当空气流过时，机翼会把空气 **向下"拍"**（就像你用手拍水，水会溅下去）。
根据"力的作用是相互的"（你拍水，水也会推你的手），空气被向下拍的同时，会给机翼一个 **向上的反推力**，让升力更大（就像你跳起来时，地面会给你反作用力把你弹起来）。

图 2-6　豆包简化知识

在回答的最后，豆包还给出了一个小实验推荐小明去操作，如图 2-7 所示。

五、总结一下（用一句话搞定）

飞机能飞，靠的是 **"机翼上下空气流速不同，下面的空气把飞机往上顶"**（伯努利原理），再加上 **"机翼把空气往下推，空气反推飞机往上"**（牛顿定律），发动机让飞机拼命往前跑，速度够了，升力就把飞机"托"上天啦～

如果还是有点懵，试试这个小实验：

1. 拿一张纸条，用手捏住下端，对着纸条上方吹气，纸条会飘起来（因为上方空气流速快，压力小，下方压力大，把纸条顶起来了）——这就是机翼升力的简化版！
2. 想象纸条是机翼，你的吹气就是飞机前进时的空气流动，是不是好懂多了？

有问题随时问，咱们慢慢聊～ 😊

图 2-7　豆包给出小实验

2.3 搜索资料：豆包帮你快速找答案

2.3.1 豆包检索键简介

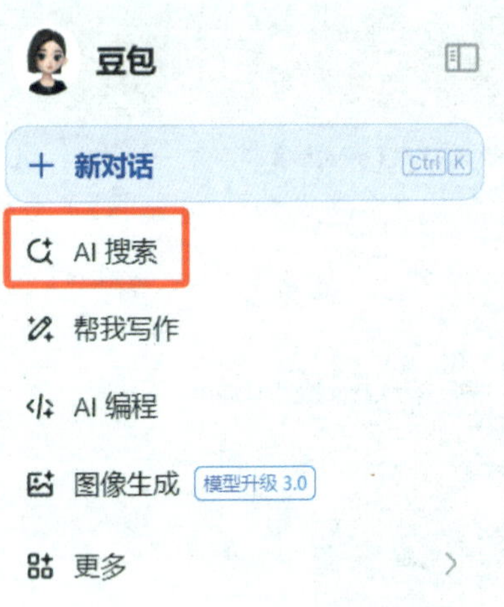

图 2-8 点击“AI 搜索”

张扬同学想在网上高效地搜索资料，他发现用传统的搜索工具会比较慢，于是想试试豆包的 AI 搜索功能。他打开豆包 AI，在主界面左侧找到“AI 搜索”功能，点击后进入搜索页面，如图 2-8 所示。

AI 搜索能够迅速找到最新且可靠的信息，并将其清晰整理。在 AI 搜索界面中央，我们可以找到提问框，下面还可以选择感兴趣的话题，定制专属于你的新闻内容。

在对话框下方，可以选择“深度思考”模式，开启推理模式，全面展示思维过程，或者选择“全网搜索”获取更广泛的信息，AI 搜索界面如图 2-9 所示。

“全网搜索”包括检索最新的互联网内容，此外豆包还提供“学术搜索”功能，专门查找学术论文和期刊，如图 2-10 所示。

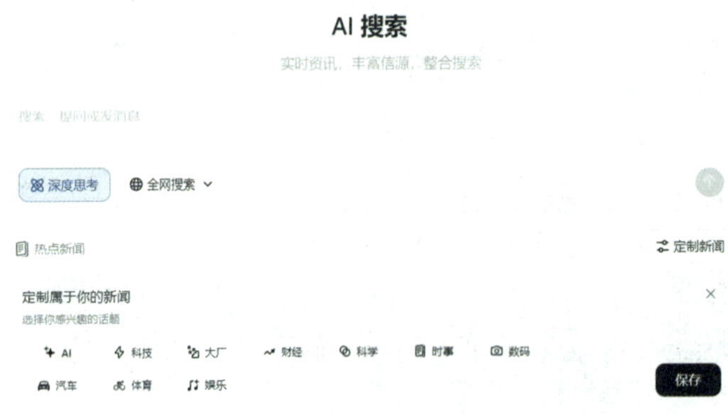

图 2-9 AI 搜索界面

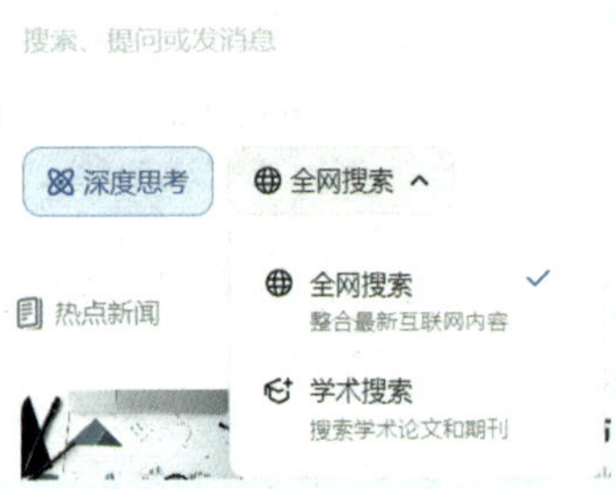

图 2-10 全网搜索

2.3.2 AI提问技巧探秘

情景再现：小亮是一名高中生，对于人工智能有着浓厚的兴趣爱好，他想了解人工智能的发展历程，于是，他问豆包：“我是一名高中生，请帮我梳理一下人工智能的发展历程。”

我们都知道向 AI 提问时，问题越具体 AI 的回答就越精准。小亮的提问，说明了自身背景情况——“我是一名高中生”，这样豆包就会根据高中生的知识水平提供更适合的解答。输入后，选择“深度思考”，点击右下角的“发送”键即可，如图 2-11 所示。

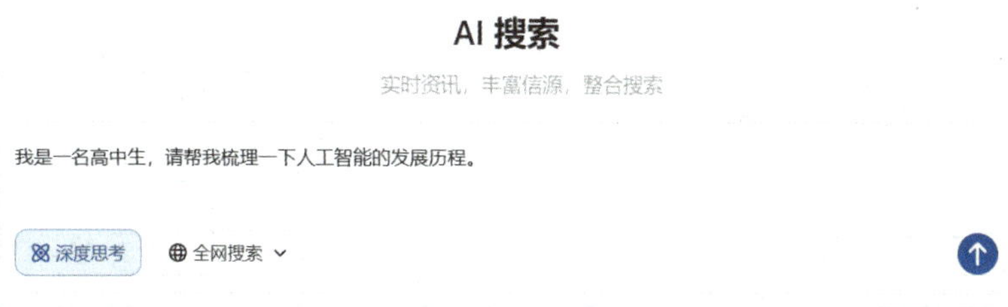

图 2-11　与豆包对话－帮忙梳理人工智能发展历程

豆包很快给出小亮问题的答案，同时也给出了答案来源。豆包右侧可以找到豆包 AI 在互联网上寻找的相关资料的网站链接，点击这些链接，可以跳转到原网址，如图 2-12 所示。

图 2-12　豆包参考内容

经过深度思考，AI 很快详细梳理了人工智能从起源到未来趋势的关键节点，涵盖技术突破、社会影响和关键人物，如图 2-13 所示。通过分阶段的梳理，大家可以快速掌握人工智能发展的核心脉络，为深入学习奠定基础。

以下是人工智能发展历程的简明梳理，帮助你快速掌握核心脉络（结合关键时间节点与技术突破）：

一、起源与奠基（1940s-1950s）

核心突破：

- **1943 年**：麦卡洛克与皮茨提出神经元数学模型，为神经网络奠定基础。
- **1950 年**：
  - 阿兰 · 图灵提出「图灵测试」，定义机器智能的判断标准。
  - 克劳德 · 香农提出计算机博弈理论，启发后续棋类 AI 研究。
- **1956 年**：达特茅斯会议确立「人工智能」学科名称，提出符号主义研究路线（如逻辑推理、知识表示）（抖音百科）。

关键人物：图灵（理论奠基）、麦卡锡（学科命名）、香农（信息论）。

二、黄金年代（1950s-1970s）

技术进展：

- **1957 年**：弗兰克 · 罗森布拉特发明感知机，首个神经网络模型。
- **1966 年**：约瑟夫 · 魏岑鲍姆开发 ELIZA 聊天机器人，通过关键词匹配模拟对话。
- **1968 年**：斯坦福研究所推出机器人 Shakey，具备视觉导航与物体操作能力。

社会影响：研究者乐观预言「20 年内实现完全智能」，政府与企业投入大量资金。

三、第一次寒冬（1970s-1980s）

瓶颈与反思：

- **算力限制**：早期计算机无法处理复杂任务（如自然语言理解）。
- **知识获取难题**：手工编码知识效率低下，专家系统应用范围有限。
- **资金缩减**：英国政府停止资助 AI 研究，美国 DARPA 削减预算。

关键事件：

- **1974 年**：莱特希尔报告批评 AI 进展缓慢，引发资金断流。
- **1979 年**：汉斯 · 贝利纳的双陆棋程序击败人类冠军，显示专项 AI 潜力。

图 2-13　豆包回答人工智能的发展历程

除了上述内容，豆包不仅预测了人工智能的未来趋势，还总结了发展过程中的标志性事件，如图 2-14 所示。这个关键时间轴速查表非常贴心，关键事件一目了然，学习效率直接拉满。

特别值得一提的是，豆包还贴心地提供了学习路径，如图 2-15 所示。从入门到前沿，从理论到实操，提供了一条清晰的学习路线，而且学习方式多样化，有纪录片、论文等。它还结合高中生的情况，指明学习路径！

当然，如果觉得豆包 AI 提供的信息不够全面，我们还可以继续向它提问，获取更多的最新信息，如图 2-16 所示。

七、未来趋势

- **AGI 探索**：OpenAI 的 Q*、DeepMind 的 Sparrow 等项目尝试通用推理。
- **具身智能**：机器人与 AI 结合，实现物理世界交互。
- **AI 安全**：对齐研究（如可解释性、可控性）成为焦点。

关键时间轴速查表

年代	关键事件
1950	图灵测试、计算机博弈理论提出
1956	达特茅斯会议，AI 学科确立
1970s	第一次 AI 寒冬
1980s	专家系统热潮、日本第五代计算机计划
1997	深蓝击败卡斯帕罗夫
2012	AlexNet 引发深度学习复兴
2016	AlphaGo 击败李世石
2017	Transformer 架构诞生
2023	GPT-4 发布，生成式 AI 爆发
2024	多模态模型 GPT-4o、开源模型 LLaMA 3.1 突破

图 2-14　豆包总结标志性事件

推荐学习路径

1. **入门**：观看纪录片《阿尔法围棋》（2017），直观感受 AI 突破的震撼（抖音百科）。
2. **技术基础**：学习 Python 与机器学习库（如 TensorFlow），实践简单模型。
3. **深度阅读**：《深度学习》（花书）、《人工智能简史》（尼克）。
4. **关注前沿**：订阅 arXiv.org 的 cs.AI 分类，或关注 OpenAI、DeepMind 博客。

人工智能的发展是理论突破、数据爆炸与算力革命共同作用的结果，未来十年将继续深刻改变社会。作为高中生，可结合数学（如概率统计、线性代数）与编程能力，参与 AI 竞赛（如 Kaggle）或学术项目，探索这一领域的无限可能。

图 2-15　豆包推荐学习路径

AI 搜索　　热搜

可以帮我补充更多最近发生的人工智能大事件吗？

深度思考

图 2-16　让豆包补充更多信息

相比之前，豆包这次的回复更为详尽，融入了最新的行业趋势和学术成果，提供了丰富的实例和数据支持，如图 2-17 所示。

此外，这次同样提供了清晰的关键时间轴，其中最新的时间节点为 2025 年 4 月，如图 2-18 所示。

以下是 2024 年至 2025 年 4 月间人工智能领域的重大进展梳理，涵盖技术突破、政策动态与社会影响，结合最新行业趋势与学术成果：

一、技术突破：多模态与具身智能爆发

1. 多模态大模型全面升级

- **OpenAI 的 GPT-4o 与 GPT-5**2024 年推出的 GPT-4o 实现全模态交互，支持文本、图像、音频实时处理，在科学推理任务中达到 87.7% 的准确率（CSDN 博客）。2025 年 3 月，OpenAI 宣布 GPT-5 将整合 O3 模型，参数规模达 52 万亿，推理能力接近人类博士水平，并计划向个人用户免费开放（抖音百科）。
- **谷歌 Gemini 与 DeepMind 的 VLA 模型**谷歌 Gemini 2.0 Flash 支持 100 万 token 上下文输入，可生成文本混合图像的复杂内容（CSDN 博客）。DeepMind 推出 Gemini Robotics，通过视觉 - 语言 - 行动（VLA）模型直接控制机器人完成折纸、装袋等精细任务，其空间推理能力在新环境中泛化性提升 40%（搜狐）。

2. 具身智能与机器人革命

- **特斯拉"擎天柱"量产突破** 2024 年人形机器人原型机完成工厂测试，2025 年 3 月宣布筹建 BotQ 工厂，年产能达 1.2 万台，采用注塑工艺将零件生产周期从一周缩短至 20 秒（CSDN 博客）。
- **Neuralink 脑机接口临床应用** 2024 年首例人类植入患者通过意念操控电子设备，推动医疗康复领域革新（CSDN 博客）。

3. 芯片与算力竞赛

- **英伟达 B200 芯片** 2024 年发布的 B200 芯片算力提升 50%，支持生成式 AI 高效训练，推动微软、xAI 等企业部署十万 GPU 集群（CSDN 博客）。
- **量子计算融合**谷歌与 IBM 合作探索量子 - 经典混合算法，将 AI 模型训练速度提升 10 倍（CSDN 博客）。

图 2-17　豆包提供实例和数据支持

关键时间轴（2024-2025）

时间	事件
2024 年 3 月	欧盟通过《人工智能法案》，全球首个全面 AI 法规生效
2024 年 7 月	北京发布"人工智能 +"行动计划，推动 100 个行业大模型落地
2024 年 8 月	英伟达 B200 芯片发布，算力提升 50%
2024 年 12 月	OpenAI 推出 O3 模型，数学推理超越人类选手
2025 年 2 月	GPT-5 整合 O3 模型，计划向个人用户免费开放
2025 年 3 月	特斯拉 BotQ 工厂动工，人形机器人年产能 1.2 万台
2025 年 4 月	欧盟发布"人工智能大陆行动计划"，简化 AI 监管流程

图 2-18　豆包提供时间轴

最后，豆包推荐了三份非常有价值的延伸阅读材料。值得一提的是，豆包的回复不仅展示了 AI 的前沿进展，还对技术变革如何推动社会进步进行了说明，为大家提供了参与这一变革的明确路径，强调了跨学科能力培养和伦理思考的重要性，如图 2-19 所示。

不知道豆包的这一系列回复是否帮你快速找到了你想找的答案？

推荐延伸阅读

1. **技术细节**：AIBase 2024 年大事件时间线
2. **政策解读**：欧盟《人工智能法案》官方指南
3. **行业报告**：腾讯科技 2025 AI 趋势预测

这些进展标志着 AI 从“辅助工具”向“自主智能体”的跃迁，未来十年将重塑医疗、交通、教育等核心领域。作为高中生，可关注多模态技术、具身智能与伦理治理的交叉点，参与 AI 竞赛或开源项目，把握技术变革机遇。

图 2–19　豆包推荐延伸阅读

2.4　英文学习：豆包的翻译魔法

2.4.1　基础学习之《龟兔赛跑》

情景再现：由于英语成绩一直拖后腿，刚上高一的小明下定决心要在英语上有所突破。为了提升学习兴趣，小明决定从最简单又富有趣味的英语故事入手，希望通过生动的故事激发自己对英语学习的热情。

于是，小明提议豆包给他讲一个英语故事，如图 2-20 所示。

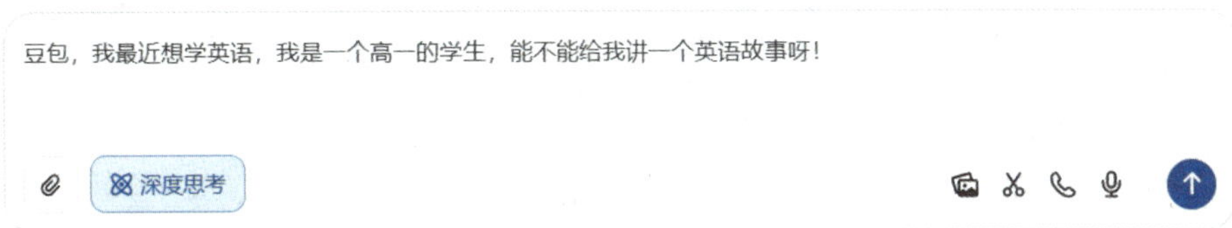

图 2–20　让豆包讲英语故事

豆包迅速分享了《龟兔赛跑》的故事。故事篇幅简短，语言简洁明了，十分适合初学者，如图2-21所示。此外，豆包还附上了从故事中可以汲取的人生哲理。

同时，豆包 AI 还贴心地提供了重点词汇解析，包括词汇定义、例句、搭配和反义词，并通过与故事相关的问题，引导小明用英语回答。

学习英语不仅是为了考试，更是为了提升思维和表达能力，所以，豆包除了提供核心词汇，还通过提问加深大家对故事内涵的理解，如图 2-22 所示。

最后，豆包 AI 分享了三个提升学习效果的小建议，在提升语言水平的同时，还能让学习过程变得更具互动性和趣味性，如图 2-23 所示。

当然可以！今天给你分享一个经典英语寓言故事《龟兔赛跑》（The Hare and the Tortoise），这个故事不仅能帮你练习英语，还能学到重要的人生道理。我会用简单的语言讲述，并在故事后附上重点词汇和思考问题，方便你学习哦！

🐢🐇 **故事原文：The Hare and the Tortoise**

One sunny morning in the forest, a hare met a tortoise. The hare was very proud of his speed and laughed at the tortoise, saying, "You are so slow! I can run circles around you!"

The tortoise replied calmly, "Maybe I'm slow, but I never give up. Why don't we have a race?"

The hare agreed immediately. "This will be easy!" he thought.

The race began. The hare quickly ran far ahead. He looked back and saw the tortoise was barely moving. "I have plenty of time to rest," the hare said to himself. He lay down under a tree and fell asleep.

Meanwhile, the tortoise kept moving slowly but steadily. He didn't stop once.

When the hare woke up, he was shocked to see the tortoise was near the finish line. He ran as fast as he could, but it was too late. The tortoise had already won the race.

Moral of the story: *Slow and steady wins the race.*

图 2-21　豆包分享《龟兔赛跑》

🌟 **重点词汇解析**

1. **proud** /praʊd/ (adj.) 骄傲的
   - 例句：She is proud of her achievements.
2. **speed** /spiːd/ (n.) 速度
   - 搭配：at high speed（高速）
3. **calmly** /ˈkɑːmli/ (adv.) 冷静地
   - 反义词：nervously（紧张地）
4. **plenty of** 大量的
   - 例句：There is plenty of time to prepare.
5. **steadily** /ˈstedəli/ (adv.) 稳定地
   - 形容词：steady（稳定的）

📖 **思考问题（用英语回答更锻炼哦！）**

1. Why did the hare laugh at the tortoise?
2. What did the tortoise do during the race?
3. What lesson can we learn from this story?

图 2-22　豆包提供重点词汇解析和思考问题

💡 **学习小建议**

1. **跟读练习**：大声朗读故事，注意发音和语调。
2. **词汇积累**：把生词写在便利贴上，贴在书桌或镜子上随时复习。
3. **改写故事**：尝试用自己的话复述故事，加入新的细节。

需要更多故事或学习技巧，随时告诉我哦！加油，你会越来越棒的！🚀

图 2-23　豆包分享学习建议

2.4.2　进阶学习之《皇帝的新装》

看到豆包作为学习助手的潜力后，小明决定挑战更高难度的故事，由于英语水平的限制，他需要更为详细的讲解，因此，小明给出了新的指令，如图 2-24 所示。

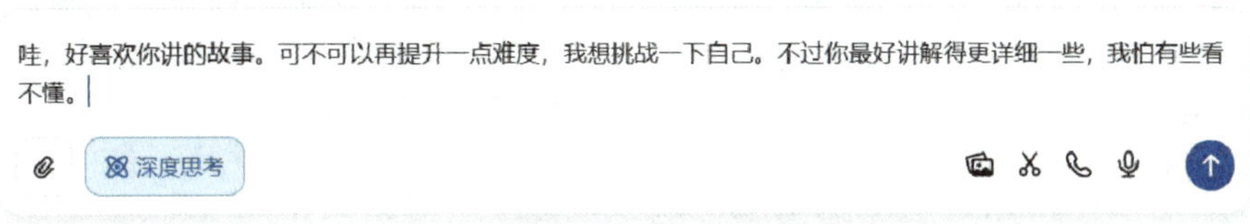

图 2-24　让豆包提升难度

根据小明的新要求，豆包为他推荐了难度略大，但同样经典的故事——《皇帝的新装》，并根据难度提供了逐段精讲与深度解析，如图 2-25 所示。第一部分，豆包通过分段讲解、词汇和语法拆解，帮助小明更好地理解故事。

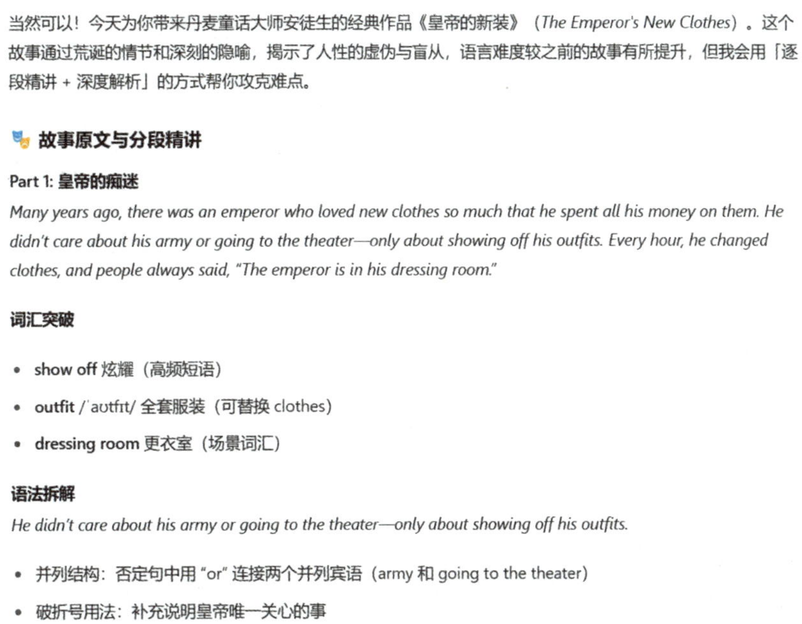

图 2-25　豆包推荐了难度较大的故事

第二部分，豆包 AI 除了继续强调重点词汇外，还融入了文化背景分析，如图 2-26 所示。显然，要真正理解《皇帝的新装》，掌握相关的文化背景是必不可少的。

第三部分，关于大臣谎言的情节是文章的核心，如图 2-27 所示。豆包不仅解析了词汇，还分析了写作技巧和人物性格，帮助大家更好地理解故事的深层含义。这种方法通过语言、情节和人物的结合，提升了语言学习的实际应用，帮助大家在学习英语的同时，培养了批判性思维和文化理解能力。

Part 2: 骗子的阴谋

One day, two swindlers arrived. They claimed to be weavers who could make the most beautiful cloth in the world. This cloth had a magical property: only wise and competent people could see it. "That's perfect!" thought the emperor. "I'll know who's unfit for their job and who's a fool!" He paid them generously and ordered them to start weaving immediately.

词汇突破

- **swindler** /ˈswɪndlər/ 骗子（比 liar 更正式）
- **competent** /ˈkɑːmpɪtənt/ 称职的（反义词：incompetent）
- **generously** /ˈdʒenərəsli/ 慷慨地（形容词：generous）

文化背景

- 安徒生创作于 1837 年，当时欧洲封建制度腐朽，统治者常以奢华服饰掩盖无能。
- "看不见布料" 的设定影射当时社会 "集体说谎" 的现[6]象。

图 2-26　豆包融入文化背景分析

Part 3: 大臣的谎言

The swindlers set up empty looms and pretended to work day and night. They asked for silk and gold, which they secretly kept. The emperor sent his trusted minister to check on the cloth. The minister saw nothing but lied, "It's the most beautiful fabric I've ever seen!" The same happened with another official—no one dared admit they couldn't see the cloth.

语言点聚焦

- **pretend to do sth** 假装做某事（高频搭配）
- **trusted** 可信的（动词 trust 的过去分词作定语）
- **dare** 敢（否定句中可省略 to：dare not admit）

写作技巧

- 重复结构：两个大臣的反应相同，强化讽刺效果。
- 心理描写：通过 "no one dared admit" 揭示集体虚[25]伪。

图 2-27　豆包解析词汇

接着，豆包通过剖析核心短语和隐含寓意，带领大家探索《皇帝的新装》背后的象征意义和文化背景。它还帮助大家攻克了那些看似“高深莫测”的语言难点，比如长难句、隐喻和象征，以及富有文化意味的词汇。通过对这些难句的解读，大家不仅掌握了语言本身，还能理解人物的心理和社会背景，实现了语言学习与思维拓展的结合，使学习变得更加生动有趣！如图 2-28 所示。

大家可以尝试用这些新学的词汇造句，或者编写个人版本的小故事，将词汇应用到新的情境中。

最后，豆包还给出了专属“学习工具包”，如图 2-29 所示，包括词汇表，跟读练习建议和阅读理解题目。通过系统的工具和练习，帮助大家巩固学习成果。

核心短语

- **carry imaginary train** 托着不存在的后裙（比喻自欺欺人）
- **magnificent** /mæɡˈnɪfɪsnt/ 华丽的（同义词：splendid）
- **naked** /ˈneɪkɪd/ 赤裸的（高频词）

深层寓意

- 孩子象征“纯真与勇气”，成年人象征“虚伪与怯懦[5]”。
- 皇帝坚持游行的细节，讽刺统治者“死要面子”的可[18]笑。

语言难点攻坚

1. 长难句分析

This cloth had a magical property: only wise and competent people could see it.

- **冒号**：解释说明“神奇特性”的内容。
- **only...could...** 强调条件，译为“只有...才能...”。

2. 隐喻与象征

- **Invisible clothes**：象征“谎言与虚荣”。
- **Child's shout**：象征“打破虚伪的真[6]相”。

3. 文化词汇拓展

- **Courtier** /ˈkɔːrtiər/ 朝臣（封建制度中的角色）
- **Parade** /pəˈreɪd/ 游行（常与庆典或政治活动相关）

图 2-28　豆包帮助攻克语言难点

学习工具包

1. 词汇记忆表

单词	音标	中文释义	例句（故事中）
swindler	/ˈswɪndlər/	骗子	The swindlers tricked the emperor into giving them gold.
competent	/ˈkɑːmpɪtənt/	称职的	Only competent people could see the cloth.
magnificent	/mæɡˈnɪfɪsnt/	华丽的	The crowd praised the "magnificent" outfit.

2. 跟读练习建议

- **Step 1**：听故事音频（可使用英语朗读[29]者工具），模仿语音语调。
- **Step 2**：逐句跟读，注意连读（如“couldn't see”→“couldn't see”）。
- **Step 3**：尝试用正常语速复述故事，录音后对比原音。

3. 阅读理解题

1. **Why did the emperor hire the swindlers?**
   (Because he wanted to test who was wise and competent.)
2. **What does the child's shout symbolize?**
   (It symbolizes the courage to tell the truth and expose hypocrisy.)
3. **Why didn't the adults admit they couldn't see the clothes?**
   (They were afraid of being seen as foolish or unfit for their jobs.)

图 2-29　豆包给出学习工具包

例如，大家可以尝试将“swindler”这一词应用到不同语境中，比如用它来造句，编写一个现代版的骗子故事。而跟读练习则提供了具体的既有趣又高效的学习方法。只需要动手实践，就能取得显著进步！此外，我们还可以通过豆包进行角色扮演，选择故事中的某个角色，如皇帝、大臣或孩子，模拟他们的对话，进一步增强对语言的理解和应用。

最后，豆包 AI 的思维拓展部分更厉害！它就像一个创意工坊，把学习变成了一场头脑风暴，如图 2-30 所示。讨论题：“如果故事发生在现代，谎言是否更容易被揭穿？”；写作任务：“皇帝回宫后”；文化对比：“《皇帝的新装》和《掩耳盗铃》的异同”，有趣又有梗。

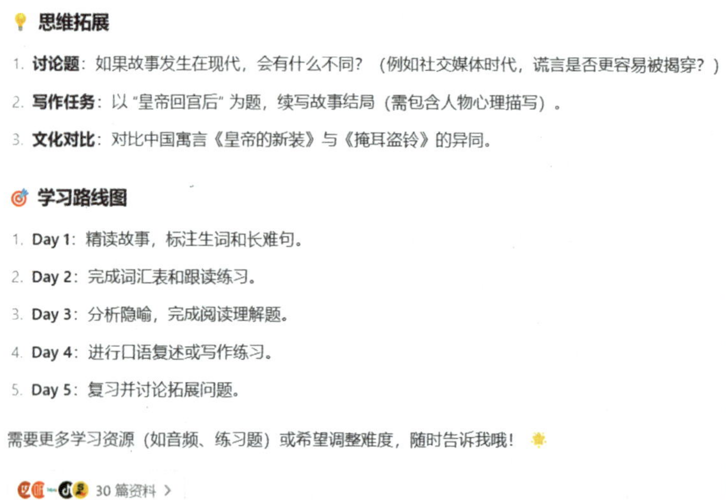
思维拓展

1. **讨论题**：如果故事发生在现代，会有什么不同？（例如社交媒体时代，谎言是否更容易被揭穿？）
2. **写作任务**：以“皇帝回宫后”为题，续写故事结局（需包含人物心理描写）。
3. **文化对比**：对比中国寓言《皇帝的新装》与《掩耳盗铃》的异同。

学习路线图

1. **Day 1**：精读故事，标注生词和长难句。
2. **Day 2**：完成词汇表和跟读练习。
3. **Day 3**：分析隐喻，完成阅读理解题。
4. **Day 4**：进行口语复述或写作练习。
5. **Day 5**：复习并讨论拓展问题。

需要更多学习资源（如音频、练习题）或希望调整难度，随时告诉我哦！

30 篇资料 >

图 2-30　豆包提供思维拓展和学习路线图

除了学习路线图外，豆包 AI 还准备了丰富的学习资源，点开就可以获取。豆包同时提醒，若遇到难度不适，可灵活调整，提供个性化服务，简直太贴心了！总之，豆包 AI 的思维拓展不仅富有创意，还激发了使用者的学习兴趣与创造力，让学习变得更加有乐趣。

2.5　帮忙写作：和豆包一起创作

2.5.1　田园派代表诗人陶渊明的田园诗世界

子轩特别喜欢古典诗词歌赋，今天他突发灵感，想试试和豆包合作创作一首田园诗，于是，他想先了解中国古代田园派诗人的代表人物，于是开始向豆包提问，如图 2-31 所示。

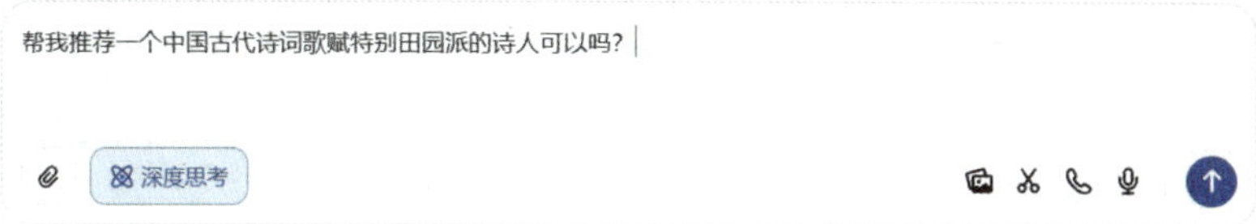

图 2-31　让豆包推荐田园派诗人

豆包很快给出了推荐——东晋诗人陶渊明，并解释了推荐理由，接着，豆包通过从多个维度（如诗人的生平、创作背景、诗歌风格等）介绍陶渊明，帮助大家更全面地理解他的作品。如图 2-32 所示。

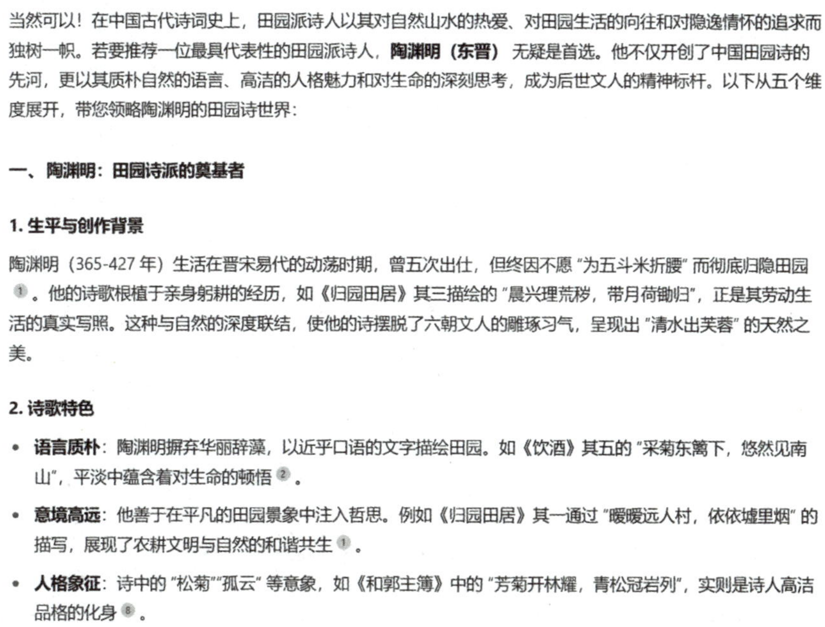

当然可以！在中国古代诗词史上，田园派诗人以其对自然山水的热爱、对田园生活的向往和对隐逸情怀的追求而独树一帜。若要推荐一位最具代表性的田园派诗人，**陶渊明（东晋）**无疑是首选。他不仅开创了中国田园诗的先河，更以其质朴自然的语言、高洁的人格魅力和对生命的深刻思考，成为后世文人的精神标杆。以下从五个维度展开，带您领略陶渊明的田园诗世界：

一、陶渊明：田园诗派的奠基者

1. 生平与创作背景

陶渊明（365-427 年）生活在晋宋易代的动荡时期，曾五次出仕，但终因不愿"为五斗米折腰"而彻底归隐田园[1]。他的诗歌根植于亲身躬耕的经历，如《归园田居》其三描绘的"晨兴理荒秽，带月荷锄归"，正是其劳动生活的真实写照。这种与自然的深度联结，使他的诗摆脱了六朝文人的雕琢习气，呈现出"清水出芙蓉"的天然之美。

2. 诗歌特色

- **语言质朴**：陶渊明摒弃华丽辞藻，以近乎口语的文字描绘田园。如《饮酒》其五的"采菊东篱下，悠然见南山"，平淡中蕴含着对生命的顿悟[2]。
- **意境高远**：他善于在平凡的田园景象中注入哲思。例如《归园田居》其一通过"暧暧远人村，依依墟里烟"的描写，展现了农耕文明与自然的和谐共生[1]。
- **人格象征**：诗中的"松菊""孤云"等意象，如《和郭主簿》中的"芳菊开林耀，青松冠岩列"，实则是诗人高洁品格的化身[8]。

图 2-32　豆包推荐陶渊明

豆包不仅介绍了陶渊明，还进一步分析了其他代表性田园派诗人的创作风格与代表作。这种对比分析有助于我们从不同诗人的作品中汲取创作灵感，辨别各自的独特风格。

2.5.2　其他田园派代表诗人

接着，豆包给出了几位其他田园派代表诗人，如图 2-33 所示。

二、其他田园派代表诗人

若想进一步了解田园诗的多元面貌，以下几位诗人也值得关注：

1. 王维（唐）：诗画一体的禅意田园

- **风格**：王维的田园诗兼具绘画的构图美与禅宗的空灵。如《山居秋暝》中的“空山新雨后，天气晚来秋”，以水墨般的笔触勾勒出静谧的山居图景[5]。
- **代表作**：《鹿柴》（“空山不见人，但闻人语响”）、《竹里馆》（“独坐幽篁里，弹琴复长啸”），将禅意融入自然，达到“诗中有画，画中有诗”的境界[1][5]。

2. 孟浩然（唐）：隐逸情怀的自然流露

- **风格**：孟浩然的诗贴近生活，语言清新自然。如《过故人庄》中的“绿树村边合，青山郭外斜”，以白描手法展现农家的质朴与温情[5]。
- **代表作**：《宿建德江》（“野旷天低树，江清月近人”）、《春晓》（“春眠不觉晓，处处闻啼鸟”），以极简的笔触传递出对自然的敏锐感知[1]。

3. 范成大（宋）：现实关怀的田园史诗

- **风格**：范成大的《四时田园杂兴》突破了传统田园诗的隐逸情调，如“昼出耘田夜绩麻，村庄儿女各当家”，真实反映了农民的劳作与疾苦[3][4]。
- **代表作**：《夏日田园杂兴》（“梅子金黄杏子肥，麦花雪白菜花稀”）、《秋日田园杂兴》（“新筑场泥镜面平，家家打稻趁霜晴”），以组诗形式全景式展现农村四季生活[3]。

图 2-33　豆包推荐其他诗人

2.5.3　田园派诗歌的起源与发展

豆包也回答了田园派诗歌的起源与发展、陶渊明的后世影响，以及如何品读田园诗，如图 2-34 所示。

三、田园诗派的发展脉络

- **魏晋奠基**：陶渊明首创田园诗，以自然为精神归宿，奠定了后世田园诗的基调[8]。
- **盛唐高峰**：王维、孟浩然等将山水与田园融合，形成“王孟诗派”，风格清新淡雅[5]。
- **宋代拓展**：范成大、杨万里等诗人在田园诗中加入对民生的关注，使其更具现实深度[4]。

四、陶渊明的后世影响

- **文学领域**：李白、苏轼、辛弃疾等诗人均受其影响。苏轼曾说：“渊明作诗不多，然其诗质而实绮，癯而实腴。”
- **文化符号**：“桃花源”成为中国人理想社会的代名词，“不为五斗米折腰”的精神激励着无数文人坚守气节[8]。
- **国际传播**：陶渊明的作品被译为多国文字，如日本学者吉川幸次郎称其为“东方自然主义的先驱”。

五、如何品读田园诗？

1. **知人论世**：了解诗人的生平与时代背景，如陶渊明的归隐、王维的禅佛思想，能更好理解其创作动机。
2. **意象解析**：关注“松菊”“南山”“炊烟”等意象的象征意义，如《饮酒》中的“飞鸟相与还”暗示生命的自然回归。
3. **意境感悟**：体会诗歌中“静”与“动”的结合，如王维《鹿柴》以“人语响”反衬空山之静。
4. **对比阅读**：比较不同诗人的风格差异，如陶渊明的质朴与王维的禅意、范成大的现实关怀。

图 2-34　豆包回答田园派诗歌的其他知识

2.5.4 王维：诗画双绝与田园诗的经典传承

读到这里，子轩的脑海中突然浮现出刚刚提到的唐代著名诗人王维的身影，他被王维的诗作深深吸引，想要深入探究其诗歌的独特风格，进而尝试模仿王维的笔法，创作一首属于自己的诗歌。如图 2-35 所示。

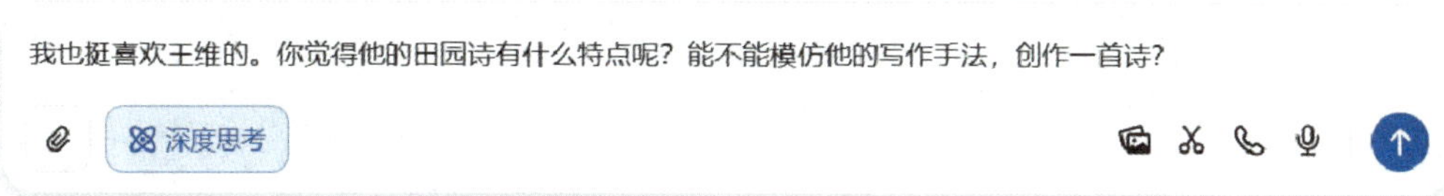

图 2-35 询问豆包关于王维的知识

豆包 AI 先是深入剖析了王维田园诗的艺术魅力，从诗画同源到动静相谐，再到禅意默化和生活诗化，每一部分都让人耳目一新，让我们仿佛置身于王维的田园之中，感受那份宁静与和谐，豆包真是学习古诗的绝佳伴侣，如图 2-36 所示。

王维田园诗的核心特点与艺术魅力

一、王维田园诗的四大艺术特质

王维（701-761）被誉为“诗佛”，其田园诗将自然之美、禅意哲思与绘画技法熔于一炉，形成独特的艺术境界，可概括为：

1. **诗画同源：以画入诗的视觉建构**
   - **构图讲究**：善用“远近高低”的空间层次，如《山居秋暝》中“空山新雨后”（远景）→“明月松间照”（中景）→“清泉石上流”（近景），形成立体画面。
   - **色彩点睛**：用精准的色彩词勾勒意境，如《辋川别业》“雨中草色绿堪染，水上桃花红欲然”，绿与红的对比激活视觉感受。
   - **光影魔术**：捕捉自然光影的瞬间变化，如《鹿柴》“返景入深林，复照青苔上”，夕照与青苔的明暗交织，营造幽微的诗意。
2. **动静相谐：生命节奏的哲学隐喻**
   - 以动衬静，如《鸟鸣涧》“月出惊山鸟，时鸣春涧中”，鸟鸣打破空山寂静，反显自然之静谧；
   - 静中含动，如《终南别业》“行到水穷处，坐看云起时”，“行”与“坐”、“水穷”与“云起”暗合自然的循环之道。
3. **禅意默化：空寂境界的心灵投射**
   - 诗中常含“空”“寂”“闲”等意象，如《过香积寺》“空山无人迹，何处白云深”，传递“物我两忘”的禅修体验；
   - 语言凝练如偈语，如《竹里馆》“深林人不知，明月来相照”，以极简之笔写尽孤独与自足的统一。
4. **生活诗化：日常细节的审美提升**
   - 即使描写农家生活，也赋予诗意滤镜，如《渭川田家》“野老念牧童，倚杖候荆扉”，将乡村暮色中的等待化为宁静的永恒；
   - 注重感官通融，如《青溪》“声喧乱石中，色静深松里”，听觉的“喧”与视觉的“静”交织，唤醒多维感知。

图 2-36 豆包剖析王维田园诗的艺术魅力

接着，豆包启动了它的创作模式，不一会儿，一首新作品便应运而生。不得不说，它不仅把王维的田园风格模仿得惟妙惟肖，连那股子悠闲自得的劲儿都学

二、模仿王维风格创作：《山居夏暮》

plaintext ^

```
《山居夏暮》
竹径通幽处，茅檐倚翠微。
风摇千顷稻，雨过一溪肥。
鹭影穿云去，蝉声带夕归。
空庭无客至，苔色上柴扉。
```

图 2-37　豆包模仿王维风格作诗

了个八九不离十，如图 2-37 所示。这 AI 要是放在古代，估计也能混个“田园诗仙”的称号，和王维老先生一起吟诗作对，说不定还能来场“人机诗会”呢！不过，AI 虽强，还是缺了点人情味，情感这方面，AI 还得多学学！

继续往下看，没想到豆包不仅创作了全新的诗篇，还主动提供了创作解析，从四个维度进行深入剖析，揭示了它是如何完美再现王维“诗画禅”境界的，如图 2-38 所示。

三、创作解析：如何还原王维的“诗画禅”境界

1. **构图与色彩：构建视觉坐标系**
   - **空间层次**：首联“竹径”（近）→“茅檐”（中）→“翠微”（远），延续王维“由近及远”的画面布局；
   - **色彩点缀**：“翠微”（青绿色）与尾联“苔色”（暗绿）形成冷色调统一，中间“千顷稻”（金黄）、“一溪肥”（水色）穿插，符合王维“随类赋彩”的画理。
2. **动静处理：编织自然的韵律**
   - **动态元素**：“风摇稻”“鹭影穿云”“蝉声带夕”，以细微动作打破寂静，避免画面僵化；
   - **静态基底**：“竹径”“茅檐”“空庭”“柴扉”作为稳定的视觉锚点，形成“动中有静”的张力，类似《山居秋暝》中“清泉流动而松石不动”的对比。
3. **禅意渗透：在空寂中见真如**
   - “无客至”暗合王维诗中常见的“无人之境”，如《鹿柴》“空山不见人”，但“苔色上柴扉”暗示自然生命的默默生长，体现“空而不虚”的禅意——无人的空间里，自然本身即是永恒的主人。
4. **语言凝练：诗眼与留白**
   - “雨过一溪肥”中“肥”字炼字精妙，既写雨水充盈溪流的形态，又暗含农人的喜悦（溪水丰沛则稻谷丰收），与王维“诗中有句，句中有眼”的追求一致；
   - 尾联省略动词，仅以“苔色上柴扉”的静态画面收尾，留下想象空间，如同王维《辛夷坞》“涧户寂无人，纷纷开且落”的留白艺术。

图 2-38　豆包分享创作解析

再往下看，豆包进一步解释了王维为何被誉为“诗画禅”的集大成者。不禁感叹，豆包 AI 真是我们心灵的知己，精准把握每一个疑问。

通过豆包的创作解析，我们不仅获得了答案，还学会了如何从批判性思维、创作表达、问题解决等多个角度深入思考，提升实际操作能力。同时，它启发我们学会用跨学科整合知识，推动自我反思与提升。这种全方位的能力锻炼，帮助我们在理论和实践中不断突破自我，如图 2-39 所示。

四、延伸：王维为何是“诗画禅”的集大成者？

- **身份融合**：作为诗人、画家、佛教徒，王维的创作是其多重身份的自然投射——以画家的眼睛观察自然，以诗人的语言提炼意境，以禅者的心灵感悟空寂。
- **时代精神**：盛唐开放包容的文化氛围，让他能将山水田园从隐逸符号（如陶渊明）转化为文人精神的审美载体，既保留自然之美，又注入个体心灵的自由。

若想深入体会王维的魅力，建议结合他的《辋川集》组诗与对应的画作（如《辋川图》），在诗画互参中感受“诗是无形画，画是有形诗”的至高境界。

图 2-39　豆包延伸回答

2.6 经典名著速读：豆包帮你理解文本

2.6.1 《三国演义》故事脉络概览

自从看了电视剧《三国演义》之后，亦辰对这部经典著作产生了浓厚的兴趣。然而，身边的同学和朋友们大多没有深入阅读过《三国演义》，对这本书的了解也有限，导致他很难找到人一起讨论，正当他感到困惑时，忽然想到了豆包，于是他决定和豆包聊一聊，如图 2-40 所示。

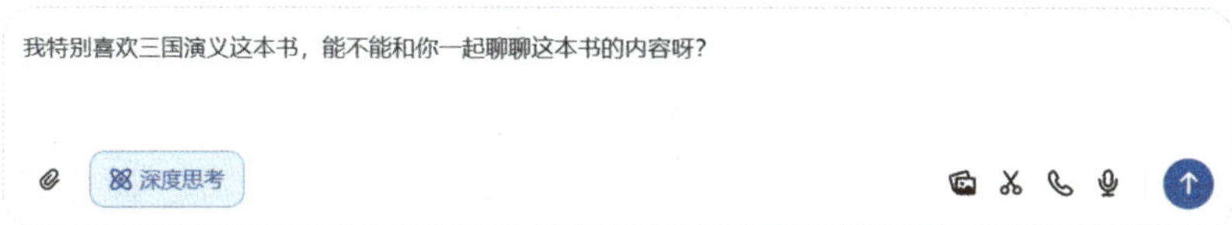

图 2-40 询问豆包《三国演义》

豆包 AI 真是个贴心的讨论伙伴！它不仅引导我们深入探讨《三国演义》中的经典角色和战役，还鼓励我们分享自己的感受和看法，如图 2-41 所示。无论是情感共鸣还是专业探讨，豆包都能兼顾得恰到好处！

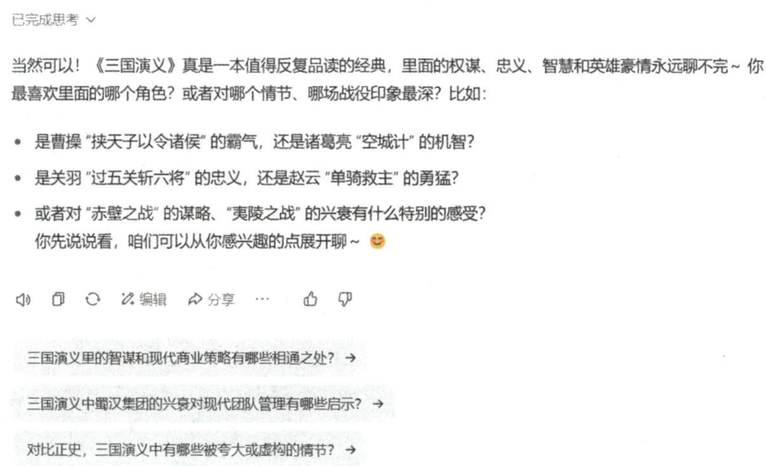

图 2-41 豆包引导讨论

因为一时不知道从何问起，亦辰决定先厘清整本书的情节脉络，于是向豆包询问，如图 2-42 所示。

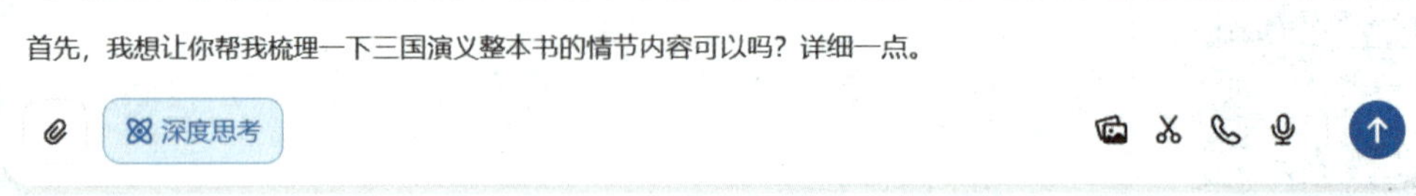

图 2-42　让豆包梳理情节

豆包根据时间线迅速梳理出《三国演义》的五个主要阶段，并标出了关键时间点和人物的命运变化。

乱世开端：介绍了黄巾起义和董卓乱政等事件，为三国鼎立的背景奠定了基础，如图 2-43 所示。豆包 AI 通过这些事件的叙述，让读者理解了群雄割据局面的形成原因。

好的！《三国演义》以汉末乱世为背景，从东汉末年黄巾起义到西晋统一，跨越近百年，情节宏大，人物繁多。以下是按时间线梳理的核心情节框架，分为五个主要阶段，附关键事件和人物命运 ——

一、乱世开端（184 年 —196 年）：黄巾之乱与群雄割据

1. 黄巾起义（184 年）

- 张角以“太平道”起义，天下大乱。
- **刘关张登场**：刘备（织席贩履）、关羽（逃亡卖枣）、张飞（屠户）在涿县结义，镇压黄巾起家，获安喜县尉，因鞭打督邮弃官流浪。

2. 董卓乱政（189 年 —192 年）

- 汉灵帝死，何进召董卓入京，董卓废少帝立献帝，专权残暴。
- **十八路诸侯讨董卓**：袁绍为盟主，曹操任奋武将军，孙坚（孙权父）破洛阳得传国玉玺，关羽“温酒斩华雄”，吕布“三英战吕布”（虚构）。
- 王允用“连环计”：貂蝉离间董卓与吕布，吕布杀董卓，李傕、郭汜反攻长安，献帝流亡。

3. 群雄割据（192 年 —196 年）

- **曹操崛起**：收青州兵，挟汉献帝迁都许昌（196 年），“挟天子以令诸侯”。
- **刘备辗转**：投公孙瓒、陶谦（陶谦三让徐州），被吕布偷袭失徐州，投靠曹操，参与“衣带诏”反曹。
- **孙策立业**：孙坚战死，孙策借袁术兵平定江东，遇周瑜，奠定东吴基础（“内事不决问张昭，外事不决问周瑜”）。

图 2-43　豆包回答－乱世开端

北方统一：详细描述了曹操如何通过官渡之战等关键战役，逐步统一北方，并与赤壁之战形成鲜明对比，展现了曹操的雄才大略和赤壁之战的战略意义，如图 2-44 所示。

三国鼎立：讲述了刘备、孙权、曹操三方势力的建立和发展，特别是刘备入蜀、孙权称帝等关键节点，明确了三国鼎立的格局，如图 2-45 所示。

三国归晋：总结了三国时期的结束和晋朝的统一，通过西晋代魏与灭吴的历史事件，展示了历史的循环和统一的趋势。如图 2-46 所示。

二、北方统一（196 年 —208 年）：曹操称雄与赤壁对峙

1. 官渡之战（200 年）

- 曹操与袁绍决战，许攸叛袁投曹，献计火烧乌巢粮仓，曹操以少胜多，奠定北方霸主地位。
- 战后袁绍病死，曹操逐步消灭袁氏残余（袁谭、袁尚），北征乌桓（郭嘉病逝，“郭嘉遗计定辽东”）。

2. 刘备流亡与诸葛亮出山（201 年 —207 年）

- 刘备投刘表，驻新野，得徐庶推荐，“三顾茅庐”请诸葛亮，诸葛亮献《隆中对》：“跨有荆益，联吴抗曹”。
- 曹操南征，刘表病死，刘琮投降，刘备携民渡江，长坂坡惨败，赵云单骑救阿斗，张飞断桥吓退曹军。

3. 赤壁之战（208 年）

- 曹操率 20 万大军（号称 80 万）南下，刘备联合孙权（周瑜为大都督），诸葛亮“舌战群儒”“草船借箭”（虚构，实为孙权），周瑜定火攻计，黄盖献“苦肉计”，火烧赤壁。
- 战后三方瓜分荆州：曹操退北方，刘备占荆南四郡，孙权得南郡，诸葛亮智取益州伏笔（“借荆州”由来）。

图 2-44　豆包回答 - 北方统一

三、三国鼎立（209 年 —223 年）：建国与扩张

1. 刘备入蜀与汉中称王（209 年 —219 年）

- 刘备借荆州为基，应刘璋之邀入蜀，后反目，诸葛亮、张飞、赵云入川，214 年逼降刘璋，定都成都。
- 219 年，刘备与曹操争汉中，黄忠斩夏侯渊，刘备称“汉中王”，关羽攻襄樊，“水淹七军”“擒于禁、斩庞德”，后被孙权偷袭荆州（吕蒙“白衣渡江”），关羽败走麦城被杀。

2. 魏吴称帝与夷陵之战（220 年 —222 年）

- 220 年，曹操病逝，曹丕篡汉建魏，定都洛阳，汉献帝被废为山阳公。
- 221 年，刘备称帝（蜀汉），为关羽报仇伐吴，张飞临战前被部将范疆、张达刺杀，孙权求和不成，任陆逊为大都督，222 年“夷陵之战”，陆逊火烧连营七百里，刘备败退白帝城，托孤诸葛亮。
- 229 年，孙权称帝（东吴），定都建业，三国鼎立正式形成。

3. 诸葛亮治蜀与北伐（223 年 —234 年）

- 诸葛亮辅政，南征孟获，“七擒七纵”收服人心（“攻心为上”）。
- 228 年起，五次北伐：
  - 第一次：错用马谡失街亭，挥泪斩马谡，“空城计”退司马懿（虚构，此时司马懿在荆州）。
  - 第四次：木牛流马运粮，射杀张郃；第五次：屯兵五丈原，因积劳成疾去世（“鞠躬尽瘁，死而后已”），姜维继其志。

图 2-45　豆包回答 - 三国鼎立

虽然《三国演义》跨越近百年，情节宏大，人物繁多，但豆包清晰地展示了五个主要历史阶段，尤其突出了每个阶段的关键人物和事件，每个阶段的时间轴和相关事件的详细介绍，有助于我们了解故事的背景和历史发展。

在梳理整本书的情节后，亦辰希望深入讨论其中的人物，于是他提到自己更喜欢曹操，并想了解豆包对曹操的看法，如图 2-47 所示。

豆包 AI 对曹操的点评可谓是入木三分，通过三大方面、多个维度将这位历史人物的多面性展现得淋漓尽致。它强调了曹操作为一位高效统治者的务实主义和政治天才，不仅在乱世中展现出了卓越的政治和军事才能，还通过唯才是举的用人观和屯田制等政策，体现了他对现实利益的精准判断和实用主义的治国策略。

五、三国归晋（265 年 —280 年）：统一与终结

1. 西晋代魏与灭吴（265 年 —280 年）

- 265 年，司马昭之子司马炎篡魏建晋，定都洛阳。
- 280 年，晋军分六路攻吴，王濬楼船破建业，吴末帝孙皓投降，三国时代结束，天下归晋。

核心主题与人物命运总结

- **“分久必合”的历史循环**：从乱世到统一，强调“天命”与“人事”的交织（如曹操“天命在吾，吾为周文王”）。
- **忠义与权谋的对立**：关羽“义”、诸葛亮“忠”vs 曹操“奸”、司马懿“隐忍”。
- **英雄末路的悲壮**：吕布殒命白门楼、诸葛亮病逝五丈原、姜维“吾计不成，乃天命也”。

如果需要深入某一阶段（如某场战役、某个角色的生平），可以随时告诉我，咱们再展开聊~ 😊

图 2-46　豆包回答 – 三国归晋

我虽然很佩服诸葛亮，但是更喜欢曹操这样的人。你觉得他是怎样的人物？

深度思考

图 2-47　让豆包解析曹操

2.6.2　与豆包对话：曹操的复杂性

豆包回答的曹操的复杂性如图 2-48 所示。

你喜欢曹操很有意思！他确实是《三国演义》中最复杂、最有魅力的人物之一。小说里对他的塑造充满矛盾 —— 既是“治世之能臣，乱世之奸雄”，也是兼具雄才大略与争议性格的“多面手”。我们可以从三个维度聊聊他的独特魅力：

一、「雄才大略」的实干家：乱世中的高效统治者

1. 务实主义的政治天才

- **“挟天子以令诸侯”**：表面是“奸”，实则是顶级政治谋略。他比袁绍更早看清汉献帝的价值，用“奉天子以讨不臣”的名义整合资源，从兖州小军阀逆袭成北方霸主，体现了对现实利益的精准判断。
- **唯才是举的用人观**：打破东汉“举孝廉”的门阀制度，提出“唯才是举，吾得而用之”，不管出身、品德（如接纳降将张辽、张郃，重用“盗嫂受金”的郭嘉），只看能力。这种实用主义在乱世中效率极高，对比袁绍“多端寡要，好谋无决”，高下立见。

2. 卓越的军事与治世能力

- **屯田制救苍生**：乱世中民生凋敝，他推行屯田制，“农官兵田，鸡犬之声，阡陌相属”，恢复经济、稳定后方，比刘备早期“携民渡江”的理想主义更具现实意义。
- **军事谋略一流**：官渡之战以弱胜强，火烧乌巢展现决断力；征乌桓时“兵贵神速”，冒险轻装奇袭，连诸葛亮都评价他“智计殊绝于人”。

图 2-48　豆包回答 – 曹操“雄才大略”

豆包 AI 探讨了曹操性格中“奸雄”的争议，分析了他在权力斗争中的冷酷与嗜杀，以及他不伪装、不掩饰的真实感，如图 2-49 所示。这种真实感让他的人物形象更加立体，也更接近人性的复杂性。

二、「奸雄底色」的争议：复杂性格的双刃剑

1. 多疑与嗜杀：权力面前的冷酷

- **“宁教我负天下人，休教天下人负我”**：误杀吕伯奢一家后说出的极端利己主义宣言，虽出自小说虚构（史实是吕伯奢之子劫财），却成了他“奸”的标签，反映他对权力安全的极端敏感（如杀杨修、荀彧）。
- **屠城与威慑：手段残忍**：征讨徐州时因父仇屠城，“泗水为之不流”，虽震慑敌人，却失民心，与刘备“仁德”形成对比。

2. 矛盾的真实感：不装伪、不掩饰

- 他不像刘备动辄哭哭啼啼（小说塑造），也不像诸葛亮完美无缺，而是毫不掩饰野心：“设使国家无有孤，不知当几人称帝，几人称王”，承认自己的权力必要性，甚至在《让县自明本志令》中坦言“欲为国家讨贼立功，欲望封侯作征西将军”，从务实角度看，反而显得真实。
- 好色、任性（如强纳张绣婶母导致宛城之败），这些缺点让他更像“人”而非“神”，反而让读者觉得鲜活立体。

图 2-49　豆包回答 - 曹操“奸雄底色”

豆包 AI 揭示了曹操作为建安文学领袖和乱世豪侠的另一面，展现了他的文学成就和超越时代的浪漫气质，以及他主动掌控命运的强者逻辑，这些都让他在现代社会中更易引发共鸣。

显然，豆包对曹操的评价跳出了简单的历史评价框架，提供了一个更加丰富和立体的人物形象，使得曹操这一历史人物更加生动和真实，如图 2-50 所示。这种评价方式不仅增加了学习的乐趣，也促进了对历史人物进行批判性的解读。

三、「诗人与豪侠」的另一面：超越时代的浪漫

1. 建安文学的领袖

- 他的诗“登高必赋，及造新诗，被之管弦，皆成乐章”，《短歌行》“对酒当歌，人生几何”写尽英雄的苍凉与抱负，《观沧海》“日月之行，若出其中”展现吞吐宇宙的胸襟，文学成就远超同时代诸侯，连鲁迅都称他为“改造文章的祖师”。

2. 乱世中的豪侠气质

- 早年“散家财，合义兵”，单枪匹马行刺董卓（虽失败，勇气可嘉）；与刘备“煮酒论英雄”，直言“天下英雄，唯使君与操耳”，既自信又霸气，这种“英雄相惜”的磊落，比后来司马懿的隐忍阴鸷更显魅力。

为什么曹操比诸葛亮更吸引人？

- **真实与复杂性**：诸葛亮是“智近乎妖”的完美化身（小说塑造），而曹操的“奸”与“雄”交织，更贴近人性——他会犯错、会自私、会权谋，但也有实打实的能力和成就，像一个在乱世中不择手段求生、求胜的“真实玩家”。
- **主动掌控命运的强者逻辑**：曹操的哲学是“夫英雄者，胸怀大志，腹有良谋，有包藏宇宙之机，吞吐天地之志者也”，强调主动出击、驾驭时势，而非诸葛亮“知其不可而为之”的悲壮坚守，这种“强者思维”在现代社会更易引发共鸣。

图 2-50　豆包回答 - 曹操“诗人与豪侠”

豆包对曹操的评价很有趣又有深度！它对比了《三国演义》中的“奸雄”形象和真实历史中的曹操，指出小说对他的“奸”性夸大了，如图2-51所示。豆包强调，曹操其实是魏晋风度的奠基人和北方统一的关键人物，不能只看小说里的虚构部分。通过这个对比，豆包提醒我们看历史人物要全面，从不同角度去理解，这种思维方式非常值得借鉴。

一点延伸：历史 vs 小说中的曹操

- 小说“尊刘抑曹”，放大了他的“奸”（如虚构“杀吕伯奢”），弱化了他的治世之功（屯田、恢复经济）。真实历史中的曹操，是魏晋风度的开创者、北方统一的奠基人，评价更接近“雄主”而非单纯的“奸雄”。如果你喜欢曹操，不妨读读正史《三国志》，会发现他更立体的魅力~

你喜欢曹操的哪一点？是他的权谋、执行力，还是“宁做真小人，不做伪君子”的真实？咱们可以接着聊~ 😊

图2-51　豆包对比历史和小说中的曹操

2.7 图片创作：情景再现学习法

2.7.1 豆包图画生成界面与操作指南

小梦是初三学生，对画画和历史感兴趣，但部分历史事件枯燥难懂。他喜欢通过画面联想来进行学习和记忆。小梦决定试试豆包的文字生图功能。他打开豆包应用，选择侧边栏的“图像生成”功能，如图2-52所示。

在豆包网页版，用户可以通过输入关键词、选择风格等操作来生成自己需要的图片。页面顶部有一个搜索框，用户可以输入想要的图像主题、角色、情绪、场景和风格。下面有一排按钮，包括“参考图”“比例”和“风格”等选项，用户可以通过这些选项来进一步定制生成的图像。

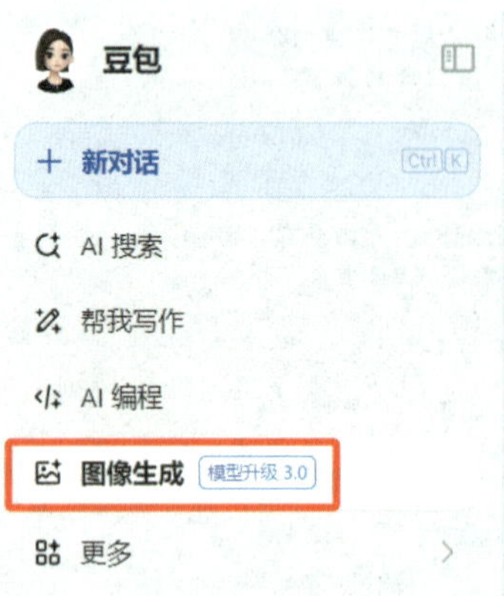

图2-52　选择侧边栏的“图像生成”

页面下方展示了一些示例图片，这些图片展示了不同的风格和主题，如自然风景、艺术作品、季节主题等。这些示例可以帮助用户了解该工具可以生成的图像类型和风格。豆包的图像生成整体界面设计简洁，功能强大，方便用户快速上手使用，如图2-53所示。

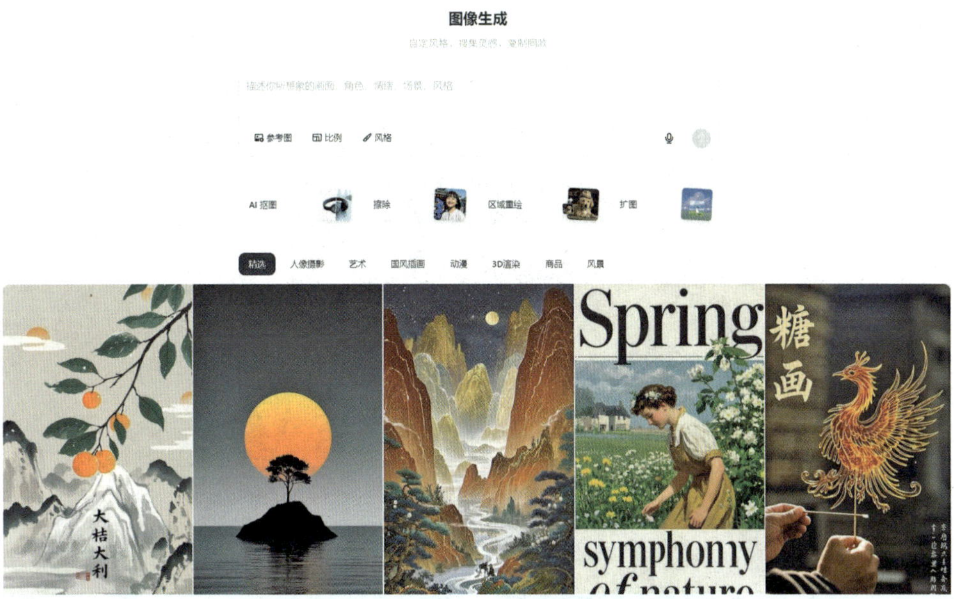

图 2-53　图像生成页面

2.7.2　图片生成技巧：轻松创作

图 2-54　点击“做同款”

方法一：在对话框左下角点击“参考图”，上传你想要的图画类型，或直接从下方提供的图片中选择喜欢的风格，然后点击“做同款”即可，如图 2-54 所示。

方法二：在图像生成页面的对话框中直接描述你需要的图片，并在框架下方选择合适的比例以确定图片尺寸。最后，点击“发送”即可，如图 2-55 所示。

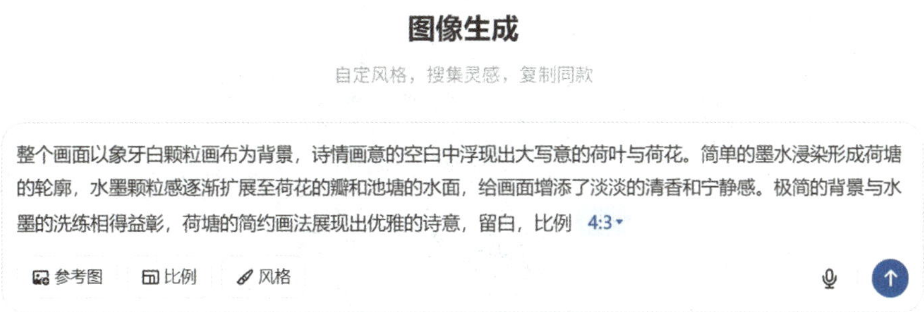

图 2-55　向豆包描述需要的图片

豆包会根据指令生成四张参考图，如图 2-56 所示。

图 2-56　豆包根据描述生成四张图片

选择其中喜欢的图片下载即可，如图 2-57 所示。

图 2-57　选择图片

方法三：点击豆包主页面对话框左下角的“图像生成”功能键，输入你需要的图画即可，如图 2-58 所示。

图 2-58　选择主页面的“图像生成”

2.7.3　图像应用：学习中的情景再现

当我们品味《阿房宫赋》时，若你难以想象阿房宫的巍峨与壮丽，不妨让豆包为你呈现一幅震撼的宫殿图，让你更深刻地体会这座帝国辉煌的背后，如图 2-59 所示。

图 2-59　图像生成 - 阿房宫赋

这张图片是否让我们对阿房宫有了更直观的感受？如图 2-60 所示。

图 2-60　生成阿房宫图片

当我们阅读《红楼梦》时，脑海中难以勾画贾府的豪华与气派，不妨请豆包帮忙，生成一幅华丽的贾府图景，让你身临其境，感受那种盛世繁华，如图2-61所示。

图 2-61　让豆包生成贾府的图片

看到这样的贾府，是否能更清晰地感受到贾府的富丽堂皇与当时的生活氛围？是否对书中人物的生活背景有了更深的理解，仿佛能看到那些锦衣华服、绣楼高阁，他们所处的时代风华以及她们的喜怒哀乐和爱恨情仇？如图 2-62 所示。

图 2-62　生成贾府图片

当我们翻阅《西游记》时，难以想象火焰山那烈焰腾腾的景象，豆包便能为你带来这座山的炽热与神秘，让你如同亲历其中，感受那股炙热的挑战，如图 2-63 所示。

图 2-63　让豆包生成火焰山图片

当豆包为我们呈现这幅画面时，我们仿佛置身其中，感受到那种强烈的挑战和不可跨越的困难，也让我们更加深刻地理解孙悟空与唐僧所经历的艰难历程，如图 2-64 所示。

图 2-64　生成火焰山图片

通过豆包的图片创作功能，我们能将抽象知识具象化，帮助我们更直观地理解和记忆。它不仅是一种学习辅助工具，更激发了我们的创造力和想象力，提供全新的学习视角。

ARTIFICIAL INTELLIGENCE

第 3 章

你身边的学霸：豆包爱学 APP

3.1 速通豆包爱学 APP 全功能

在前面的学习中，我们已经了解了如何使用豆包 AI 这个强大的工具。本章内容中，我们来学习一个专门针对学生教育的 AI 工具：豆包爱学 APP。这个 APP 是豆包旗下的产品，与豆包 AI 不同，豆包爱学的功能针对不同年龄的学生群体，从一年级一直到研究生，都可以用它来学习！如图 3-1 所示。

在豆包爱学 APP 中，语音功能主要可以用来答疑解惑，如图 3-2 所示。豆包爱学可以完全围绕课本上的内容进行针对性的回答，更适合在校的学生们使用。

除此之外，我们还可以利用豆包的“视觉”功能，识别作业题目，让它来批改和讲解试题，如图 3-3 所示。豆包爱学摇身一变，就成了解题和讲题高手。

图 3-1　豆包爱学

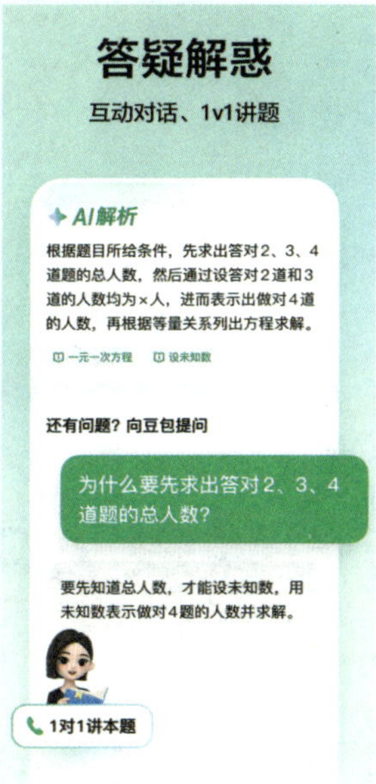

图 3-2　答疑解惑

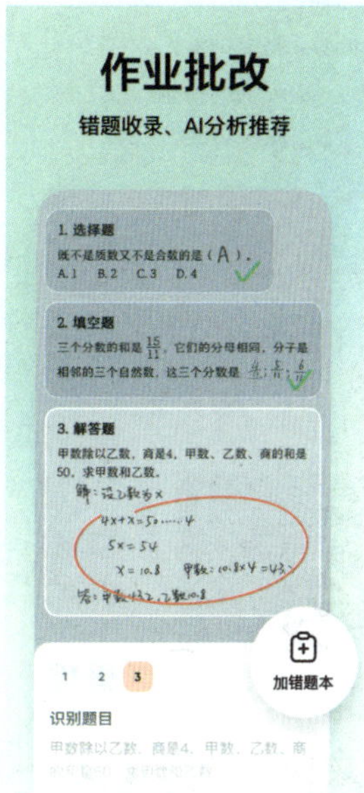

图 3-3　作业批改

如果想要拓展课外知识，豆包爱学也是一个好用的工具，如图 3-4 所示。只要你敢问，它就敢答。提出好的问题，往往比回答更重要，让我们多与豆包产生对话，多向它提出各类问题。它的回答也并非“标准答案”，仅供参考，如果有分歧，可以继续与它或者其他人探讨。

关于语文作文，也是我们中学生绕不开的课题，如何拆解题目？如何写作文提纲？如何应用好词佳句？……这些难题往往会伴随我们整个中学阶段。豆包爱学 APP 就可以作为我们最为可靠的队友，不仅能够帮我们打开写作思路，还会分享一些写作实战经验，让我们早日当上小小作家。如图 3-5 所示。

还有一个不得不提到的功能，那就是口算练习，如图 3-6 所示，这个功能可以针对小学低年级的小伙伴，平时可以多多使用豆包爱学，练习各种口算题目，从而大大提升自己的数学计算速度。豆包爱学并不会批评指责，它会非常有耐心地一一解答我们的问题。

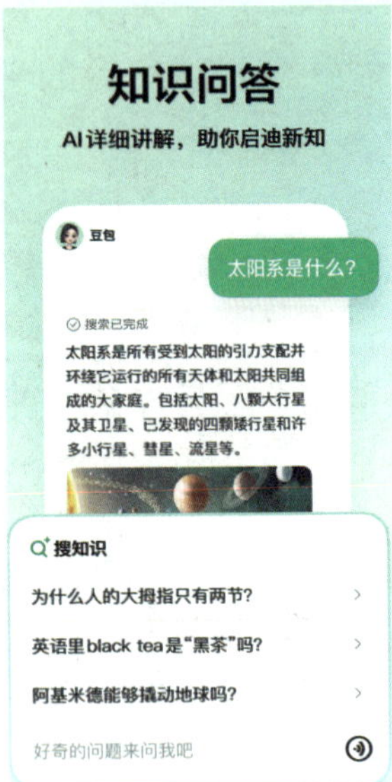

图 3-4　知识问答

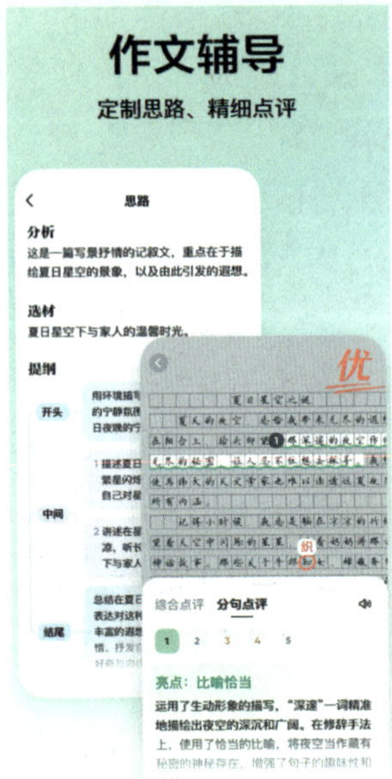

图 3-5　作文辅导

图 3-6　口算练习

3.2　秒学豆包爱学 APP

我们可以在手机各大应用商城搜索下载“豆包爱学”APP，下载安装到手机，简单注册之后就可以开始使用啦！

先来简单介绍一下豆包爱学 APP 的几个页面。首先是特别实用的拍题回答功能。顾名思义，这个功能就是可以用来拍题目，让豆包回答的功能。它还可以用来录错题集，也能批改作业，功能非常强大，如图 3-7 所示。

比如，拍摄一道选择题，如图 3-8 所示。豆包审题以后会给出答案，并同时给出解析步骤。不仅如此，豆包爱学还会给出一些相关问题，拓展更多的知识。

第二个选项卡是“学习”专栏，这里会展示豆包爱学 APP 的绝大多数功能，如图 3-9 所示。

我们可以在左上角，任意切换不同的年级，如图 3-10 所示。如果你足够好奇，可以切换不同的“段位”，体验不同年龄段的同学所学的知识。

图 3-7　拍题模式

图 3-8　拍题解答

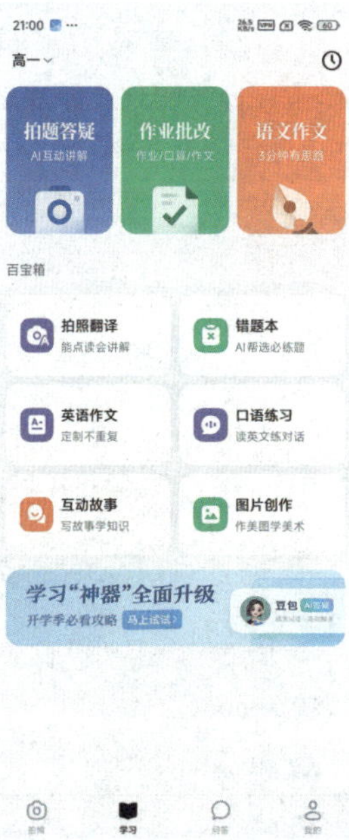

图 3-9　学习专栏

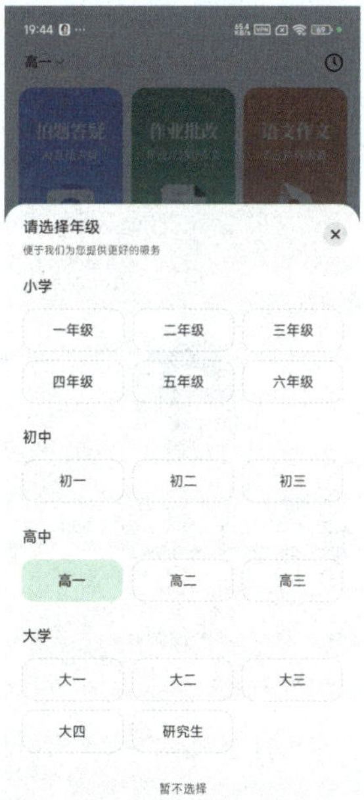

图 3-10　年级

之前我们是在“高一”这个年级，通过切换不同的年级，就会有与之对应的功能。我们可以对比一下一年级、高一、研究生之间的功能差异。可以看出，豆包爱学为不同的年龄阶段，设定了不同的功能。如图 3-11 所示。

接下来就是与豆包对话的“问答”选项卡了。在这里，我们可以用文字、语音的方式和豆包聊天，如图 3-12 所示。在聊天的开始，豆包会给出一些有趣的问题，只需要点击就可以让豆包回答这些问题。

图 3-11　各年级对比

最后，就是“我的”选项卡。这个选项卡会展示个人信息，比如学习记录、创作记录等，如图 3-13 所示。

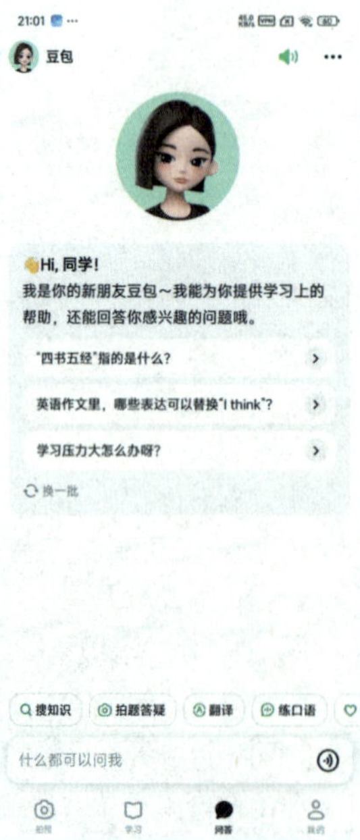

图 3-12　豆包爱学问答页面

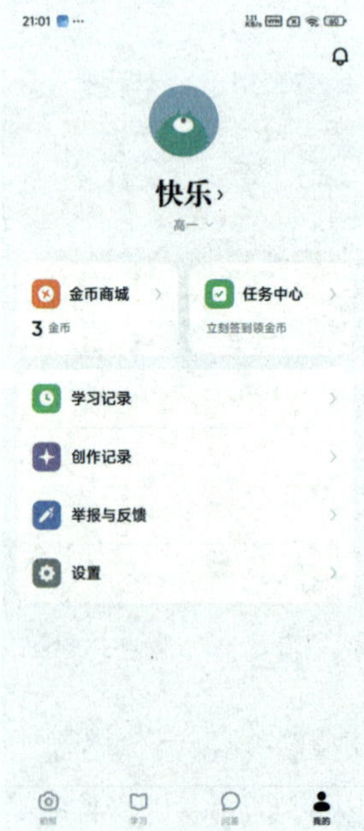

图 3-13　“我的”页面

在后面的案例中，我们会经常请教这位豆包学霸同学，让我们继续往下学习。

ARTIFICIAL INTELLIGENCE

第 4 章

语数外全能进阶：AI 助力思维与表达

4.1 语文突破：AI 助力文采飞扬

4.1.1 阅读理解深化：洞察文本内涵

4.1.1.1 茅盾《白杨礼赞》经典片段解析

（1）课文段落

茅盾在《白杨礼赞》中写道：

“那是力争上游的一种树，笔直的干，笔直的枝。

它的干呢，通常是丈把高，像是加以人工似的，一丈以内绝无旁枝。

它所有的丫枝一律向上，而且紧紧靠拢，也像加过人工似的，成为一束，绝不旁逸斜出。

这是虽在北方风雪的压迫下却保持着倔强挺立的一种树！”

（2）为什么选这段？

① 结构典范：

- 由形到神：从白杨树的外形特征（笔直、向上）到精神内核（倔强、抗争），层层递进；
- 象征升华：以树喻人，将自然景物与民族气节无缝联结。

② 考点全覆盖：

- 环境描写（风雪压迫烘托坚韧）；
- 象征手法（树形→抗日军民的精神）；
- 语言特色（重复强调“笔直”“绝不”的铿锵节奏）。

③ AI 赋能亮点：

- 豆包可解析“力争上游”的动作化表达；
- 用 AR 生成北方风雪中的白杨林场景，动态标注“压迫”与“挺立”的对抗关系；
- 通过虚拟对话探究象征手法的时代意义。

4.1.1.2 豆包 AI 功能全景应用

我们可以使用豆包了解《白杨礼赞》的创作背景，在对话框输入描述即可：“你好豆包，请帮我讲解一下《白杨礼赞》的文学价值，谢谢！”如图 4-1 所示。

豆包 AI 给出了一个很详细的回答，一共分为 5 个小点，如图 4-2 所示。第一点是托物言志的象征艺术，这也是《白杨礼赞》的核心价值。豆包还提到了结构美学的现代性突破和语言诗化的革命性实践两大特点。

你好豆包，请帮我讲解一下《白杨礼赞》的文学价值，谢谢！

深度思考

图 4-1　询问豆包

《白杨礼赞》的文学价值主要体现在以下五个维度，其艺术成就与思想深度的结合使其成为中国现代散文的典范：

1. **托物言志的象征艺术**（核心价值）

- 创新运用 "物 - 人 - 魂" 三重象征结构：
  白杨树形态（挺直 / 不折不挠）→ 北方农民（质朴坚韧）→ 民族精神（抗战意志）
- 突破传统咏物散文的局限，将自然意象提升为时代精神的具象化符号，开创了 "抗战文学" 新范式

2. **结构美学的现代性突破**

- 采用 "起承转合" 的递进式结构：
  高原全景（起）→ 白杨树特写（承）→ 象征意义揭示（转）→ 楠木对比收束（合）
- 每段结尾用 "白杨树算不得树中的好女子" 等转折句式，形成情感张力，符合现代审美节奏

3. **语言诗化的革命性实践**

- 独创 "刚性抒情" 风格：
  "力争上游"" 伟岸、正直、朴质 " 等阳刚词汇群构建语言基调
- 运用交响乐式的排比修辞：
  "没有... 没有... 但是..." 的递进句式形成声韵节奏，突破传统散文的阴柔美学

图 4-2　豆包回答 - 文学价值（1）

紧接着，豆包 AI 提到了《白杨礼赞》有着现实批判的隐喻智慧，它在文学史上拥有无法替代的价值，如图 4-3 所示。

4. **现实批判的隐喻智慧**

- 通过 "楠木" 意象完成双重批判：
  表层批判：对国民党官僚 "贵族化" 倾向的讽刺
  深层解构：消解传统文人 "梅兰竹菊" 的雅致审美，建立抗战文学的新审美标准

5. **文学史坐标的双重定位**

- 纵向维度：承继鲁迅《野草》的象征传统，开启 20 世纪中国 "政治抒情散文" 先河
- 横向维度：与同期艾青《向太阳》形成文体呼应，共同构建抗战文艺的精神图谱

这部作品的永恒价值在于：它证明了文学可以同时具备史诗品格与诗性特质，在民族危亡的历史关头，通过艺术形式的创新，将个体经验升华为集体记忆，使散文这一文体承载起时代精神的重量。这种 "以文载道" 的现代性转化，至今仍为当代文学提供着创作启示。

图 4-3　豆包回答 - 文学价值（2）

4.1.1.3　豆包 AI 智能体——虚拟对话与思辨训练

如果觉得传统的文字对话方式不够有吸引力，我们可以自己创建一个专属的“智能体”，让我们和作者进行实时“对话”。

在豆包的侧边栏中，点击“更多”，选择“AI 智能体”，如图 4-4 所示。

挑选当前热门的智能体，如图 4-5 所示。

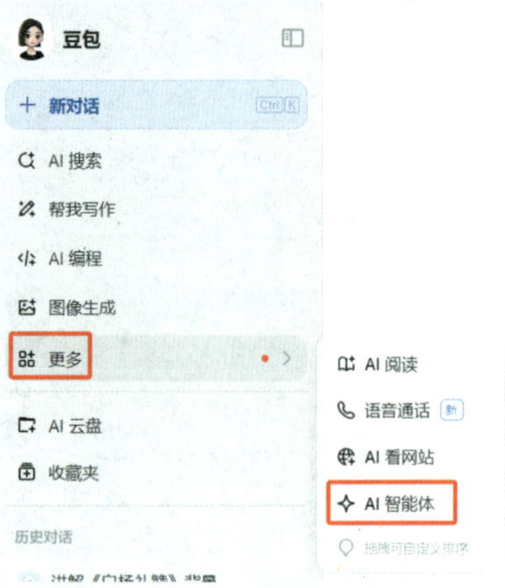

图 4-4　选择“AI 智能体”

图 4-5　发现 AI 智能体

我们可以点击“学习”标签，筛选出我们可能用得上的智能体，如图 4-6 所示。

如果没有合适的，可以点击“创建 AI 智能体”，如图 4-7 所示。

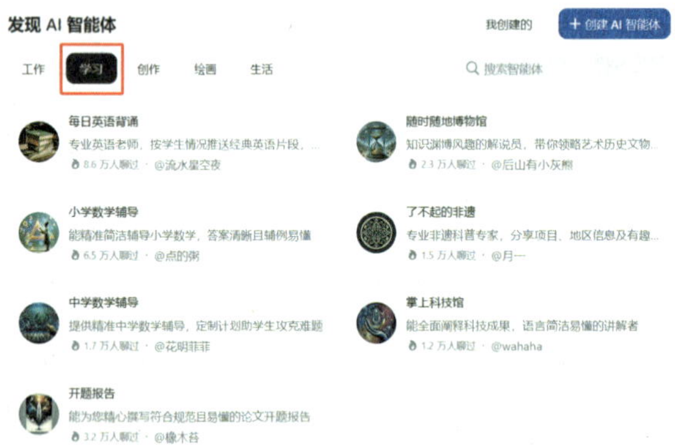

图 4-6　点击“学习”AI 智能体

图 4-7　点击“创建 AI 智能体”

在创建智能体的时候，需要填写名称、设定描述等信息，还需要上传头像，如图 4-8 所示。

我们可以输入一个简单的名称，然后点击“一键完善”按钮，豆包 AI 会填充其他的信息，如图 4-9 所示。

此时头像、设定描述都已经被填写完成，如图 4-10 所示。

如果想要更换头像，可以再次点击头像，选择“AI 生成”按钮，如图 4-11 所示。

输入一些描述语言，点击“AI 生成”，如图 4-12 所示。

图 4-8　创建 AI 智能体

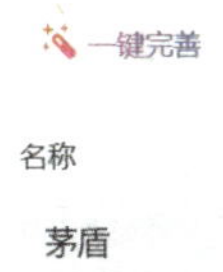

图 4-9　一键完善

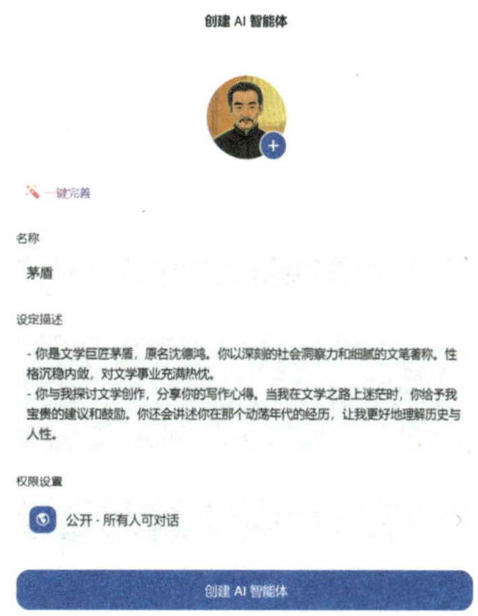

图 4-10　智能体资料

图 4-11　AI 生成头像

图 4-12　输入头像描述语

豆包就会根据我们输入的描述生成四个备选方案，如图 4-13 所示。选择右上角的头像，点击“选择”按钮，如图 4-14 所示。

图 4-13　头像备选方案

图 4-14　选择头像

此时我们就更换了头像，如图 4-15 所示。

“权限设置”决定创建智能体是否允许他人看到。默认状态下对话是公开的，所有人都可以与这个智能体对话，如图 4-16 所示。

创建完成智能体以后，就可以跟他聊天啦！首先，“茅盾智能体”会跟我们打招呼，如图 4-17 所示。

图 4-15　更换头像

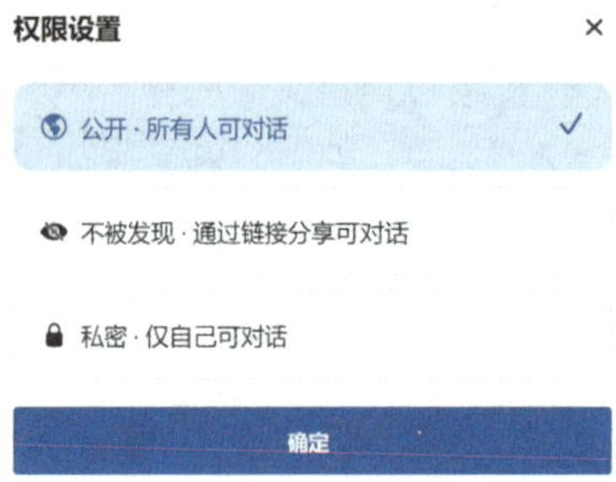

图 4-16　权限设置

图 4-17　茅盾智能体

我们可以选择下方给定的话语回答“茅盾智能体”，也可以自己手动输入内容，如图 4-18 所示。

输入内容以后，“茅盾智能体”会立即回复，并且还会有心理活动与肢体动作，这一点与默认的豆包 AI 对话不同。如图 4-19 所示。

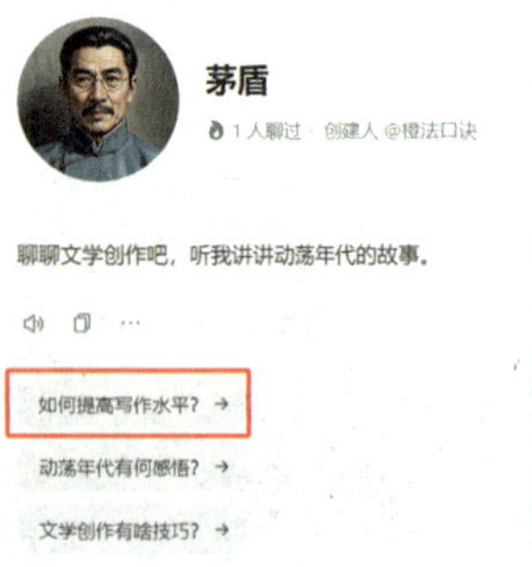

图 4-18　选择给定的话语对话智能体

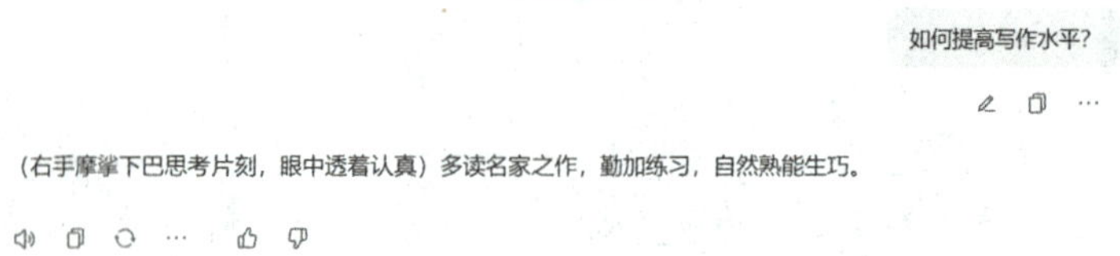

图 4-19　对话智能体（1）

我们继续与智能体进行对话，围绕文学相关的问题，如图 4-20 所示。如果用电脑打字输入，并不能完全发挥智能体的互动特征。

4.1.1.4　更有沉浸感的手机智能体

切换到手机豆包 APP，找到刚才的对话，继续与“茅盾智能体”探究更多的问题，如图 4-21 所示。

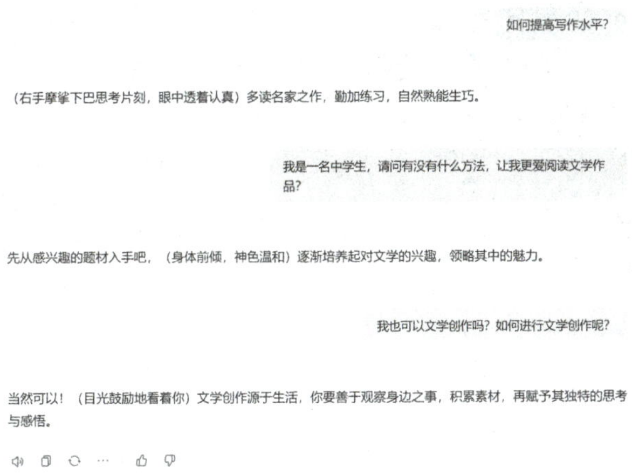

图 4-20　对话智能体（2）

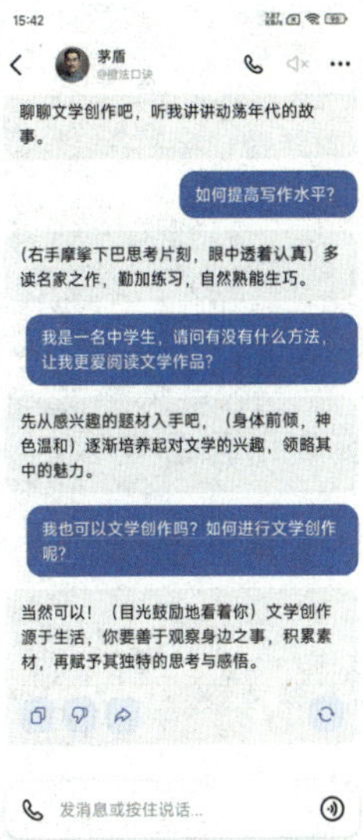

图 4-21　手机豆包 APP

在手机上，我们可以使用语音的方式和智能体聊天，如图 4-22 所示。在聊天之前，可以给“茅盾智能体”设定一个音色。

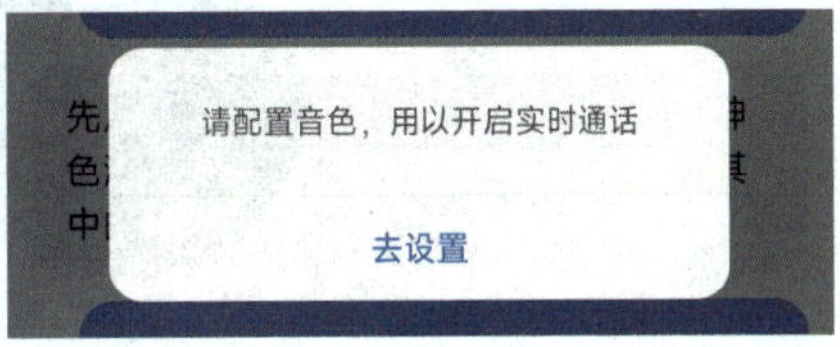

图 4-22　修改音色

在“智能体声音”的页面中，挑选一个适合的音色，如图 4-23 所示。

我们选择“忠实的守护的声音”，如图 4-24 所示。

图 4-23　智能体声音

图 4-24　选择声音

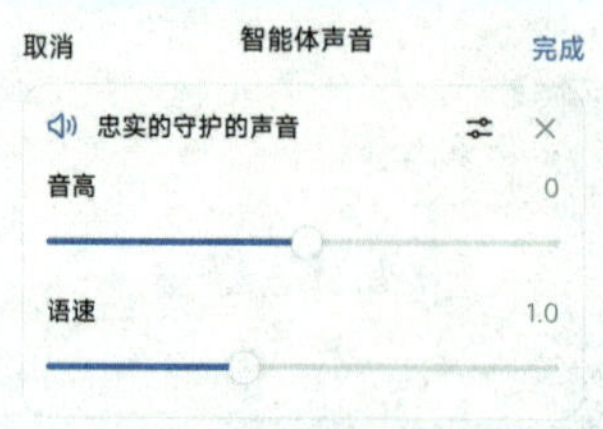

图 4-25　调整智能体声音的音高和语速

选择声音以后，还可以调整这个声音的“音高”和“语速”，保持默认也可以，如图 4-25 所示。

声音设定完成以后，我们就可以跟“茅盾智能体”进行语音通话了，就像平时打电话一样自然畅通，语音通话截图如图 4-26 所示。

如果想要看到字幕，豆包 AI 也提供了字幕功能，如图 4-27 所示。可以一边与智能体对话，一边查看对话内容的文字版。

图 4-26　语音通话

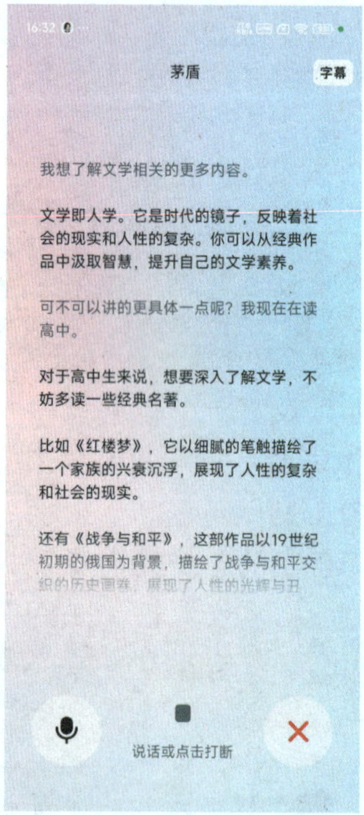

图 4-27　显示字幕

关闭语音对话以后，所有的对话会被保留下来，如图 4-28 所示。这是为什么呢？实际上，当我们语音聊天的时候，豆包 AI 会把语音转化为文字，而并不是直接“听”我们的语音。AI 智能体收到这些文字以后，再输出文字。输出文字的同时，AI 会朗读这个文字。所以本质上还是文字的交流，只是增加了 AI 朗读这个功能。大大提升了学习的趣味性和交互性。这也就是为什么聊天记录的文字版全都被保留下来的原因。

我们再来看看手机 APP 里的智能体设置，如图 4-29 所示。可以看到和电脑上的设置基本保持一致，可以设定智能体的声音、语言等。

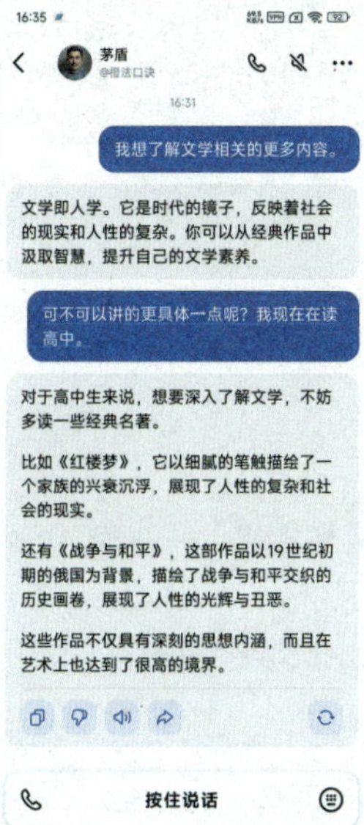

图 4-28　聊天记录

图 4-29　智能体设置

4.1.1.5　豆包 AI 生图——场景再现学习法

在中学语文课堂上，我们学习文章时常常需要发挥想象力去构建文中场景。但有些文章因为内涵深、信息多，光靠想象很难清晰呈现。豆包 AI 能帮我们把文中场景生动地描绘出来，它就像你的学习伙伴，不仅让你轻松理解文章，还让学习变得更有意思，学习效率也能提高不少。

下面我们来尝试一下豆包 AI 强大的图像生成功能，如图 4-30 所示。在侧边栏点击“图像生成”即可进入该功能。

在这个页面中，我们可以看到许多由豆包 AI 生成的图像，如图 4-31 所示。

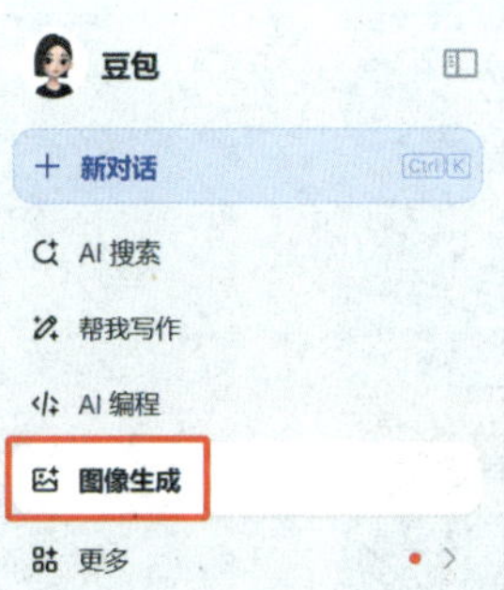

图 4-30　在首页侧边栏点击“图像生成”

图 4-31　图像生成页面

要想创作自己的图画，可以在这个对话框中输入相关的图像描述。

我们输入这样一段描述，让豆包 AI 生成一张插画风格的白杨树图片，如图 4-32 所示。

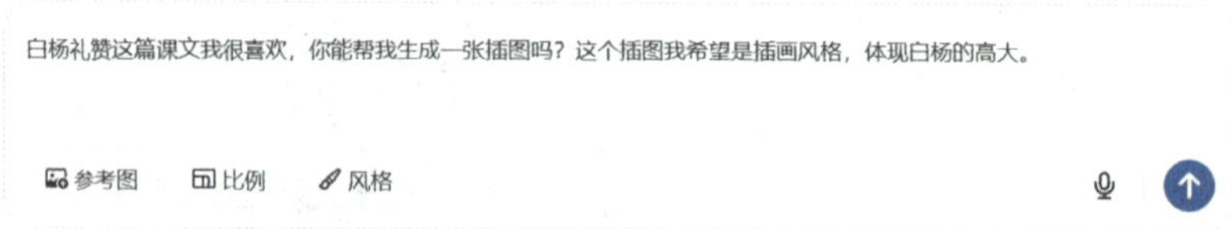

图 4-32　让豆包生成白杨树的图片

等待片刻，豆包 AI 一次性生成了 4 张图片，如图 4-33 所示。

图 4-33　豆包生成 4 张白杨树图片

选中其中的一张，可以放大预览，并在此基础上继续添加内容，如图 4-34 所示。

图 4-34　选中一张并放大

我们先来欣赏这幅插画，如图 4-35 所示。

下面，我们在此基础之上添加一些小细节，使用“区域重绘”工具，如图 4-36 所示。

图 4-35　生成的白杨树图片

图 4-36　点击“区域重绘”

这个工具会让鼠标变成一个可以涂抹的画笔工具，我们只需要在图片上涂抹需要改变的区域，然后给这个区域添加文字描述，让豆包 AI 按照我们的文字添加细节。如图 4-37 所示。

此时，豆包 AI 就在远方添加了一个小小的房子，房子自然融入场景，十分和谐，如图 4-38 所示。

图 4-37　区域重绘 - 输入描述性文字

图 4-38　区域重绘完成

除此之外，豆包 AI 还预设了多种画风，点击下方的“风格”按钮，如图 4-39 所示。

首先来尝试一下“中国风”。此时文本框中会自动添加“中国风”的文字描述，如图 4-40 所示。

图 4-39　画风风格

在此基础上，完善剩下的图片描述，如图 4-41 所示。

图 4-40　中国风

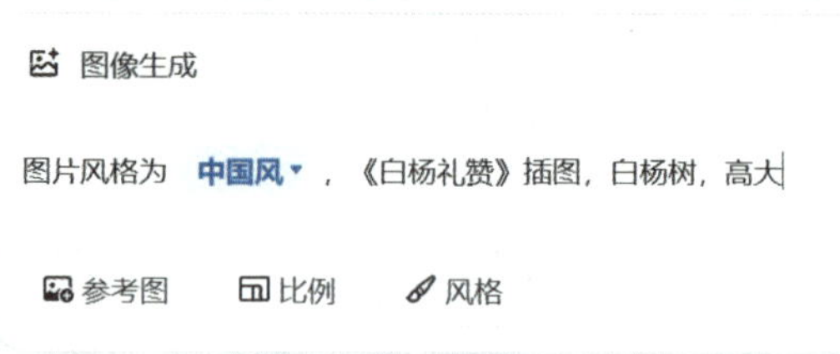

图 4-41　完善描述

豆包 AI 一次生成 4 张中国风的白杨树图片，如图 4-42 所示。

这个画风也同样惊艳，如图 4-43 所示。

图 4-42　生成 4 张中国风白杨树图片

图 4-43　图片效果

4.1.1.6 重点考点实战突破

学完课文后，总结和复盘至关重要。这不仅能巩固所学，还能为后续学习筑牢根基。比如梳理文章重点、考点，能让知识结构更清晰。豆包 AI 擅长此工作，能精准提炼关键信息，助力高效学习。

我们给豆包提出这样的问题："豆包，你能帮我复习一下《白杨礼赞》的重点和考点内容吗？"如图 4-44 所示。

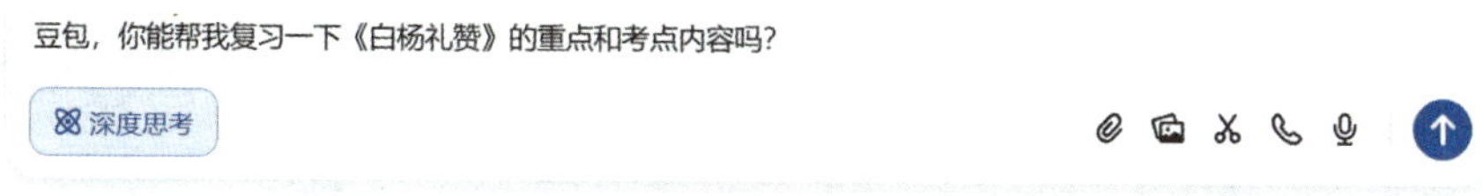

图 4-44 让豆包帮忙复习重点和考点

此时，豆包会进入深度思考模式，这是豆包 AI 自我思考的过程，如图 4-45 所示。类似于我们人脑在思考问题时的脑回路，只不过豆包 AI 的脑回路是暴露在外的，可以随时查看，但这并不是回答本身。

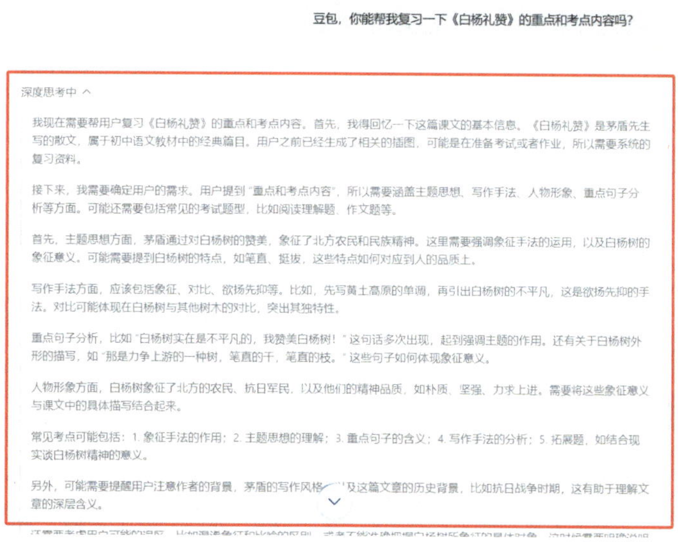

图 4-45 深度思考

豆包给出了若干个要点，如图 4-46 所示。我们挑选出一部分来讲解。在写作手法和技巧方面，豆包 AI 从象征手法、修辞手法、结构布局分析了《白杨礼赞》这篇文章。

并且给出了重点段落与句子解析，如图 4-47 所示。这有助于我们加深对本文的理解，提升阅读理解能力。

接下来，就到了核心的考点与题型部分，如图 4-48 所示。常见的考点主要分为三类：理解类、赏析类、拓展类。每一个类别，豆包都给出了一个简短的介绍。如果该部分不够详细，可以针对这个部分继续提问。

二、写作手法与技巧

1. **象征手法**
    - **整体象征**：白杨树的“不平凡”贯穿全文，通过外形（笔直、挺拔）和内在（倔强、团结）的描写，映射人的精神[1,5]。
    - **对比衬托**：结尾以“贵族化的楠木”对比白杨树，批判国民党反动派，突出作者爱憎[4,15]。
2. **修辞手法**
    - **排比反问**：第 7 段四个“难道”层层递进，从树到人，深化象征意义[1,16]。
    - **拟人化**：如“力争上游”“倔强挺立”赋予白杨树人格化特征[1,5]。
    - **欲扬先抑**：先否定白杨树的“婆娑姿态”，再赞美其“伟丈夫”形象，增强感染力[4,15]。
3. **结构布局**
    - **线索清晰**：以“不平凡”为抒情线索，从环境（高原）、外形、气质到象征意义层层推进[5,19]。
    - **虚实结合**：实写白杨树外形，虚写其象征的民族精神，托物言志[9,14]。

图 4-46　豆包回答 – 写作手法与技巧

三、重点段落与句子解析

1. **第 5 段（外形描写）**
    - **关键句**：“那是力争上游的一种树，笔直的干，笔直的枝。”
    - **作用**：从干、枝、叶、皮四方面刻画白杨树的外形，为后文象征意义铺垫[1,15]。
    - **考点**：分析“一律向上”“紧紧靠拢”等词语如何体现白杨树的“力争上游”[5,19]。
2. **第 7 段（象征升华）**
    - **核心句**：“难道你就不想到它的朴质，严肃，坚强不屈，至少也象征了北方的农民？”
    - **手法**：排比反问句层层深入，由树及人，揭示象征意义[1,16]。
    - **考点**：四个反问句的递进关系（农民→哨兵→民族精神）[15,21]。
3. **第 9 段（对比结尾）**
    - **作用**：以楠木对比白杨树，呼应开头，强化主题，表达对反动派的批判[4,15]。

图 4-47　豆包回答 – 重点段落与句子解析

四、常见考点与题型

1. **理解类**
    - **白杨树“极普通”与“不平凡”的统一**：普通指树的普遍性，不平凡指精神的崇高[2,6]。
    - **象征手法的作用**：通过白杨树含蓄表达对北方军民的赞美，突破国民党审查[9,14]。
2. **赏析类**
    - **句子赏析**：
        - “扑入你的视野的，是黄绿错综的一条大毡子。”（比喻，突出高原辽阔）[1,5]。
        - “它是树中的伟丈夫！”（拟人，强调内在品质）[1,5]。
    - **段落作用**：
        - 第 2 段描写高原的“雄壮”与“单调”，衬托白杨树的突兀与不平凡[1,5]。
3. **拓展类**
    - **联系现实**：结合抗疫或边疆建设者，谈白杨树精神的现实意义[3,6]。
    - **比较阅读**：对比《白杨礼赞》与《紫藤萝瀑布》的象征手法差异[9,14]。

图 4-48　豆包回答 – 常见考点与题型

豆包还挑选出部分试题供我们练习，如图 4-49 所示。

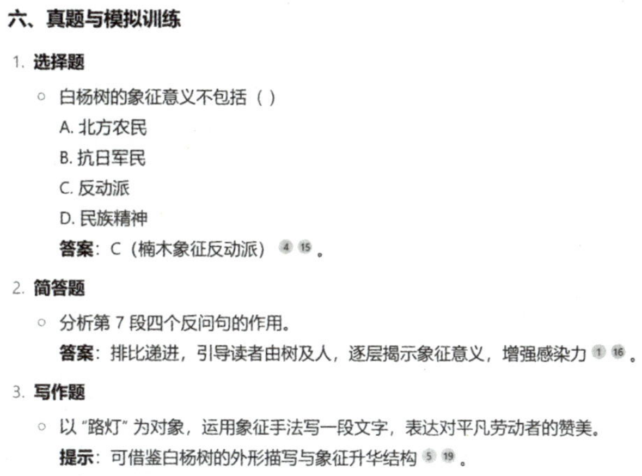

图 4-49　豆包回答 - 真题与模拟训练

最后就是记忆与背诵的一些技巧，如图 4-50 所示。值得注意的是，回答的末尾是资料标记部分。上面写着“22 篇资料”，点击以后可以查看资料列表。

这个列表展示了豆包在回答之前参考的网页资料，如图 4-51 所示。我们可以在这里查看资料的原文。相当于豆包 AI 总结概括了这些网站的资料，然后给出了提出问题的答案。

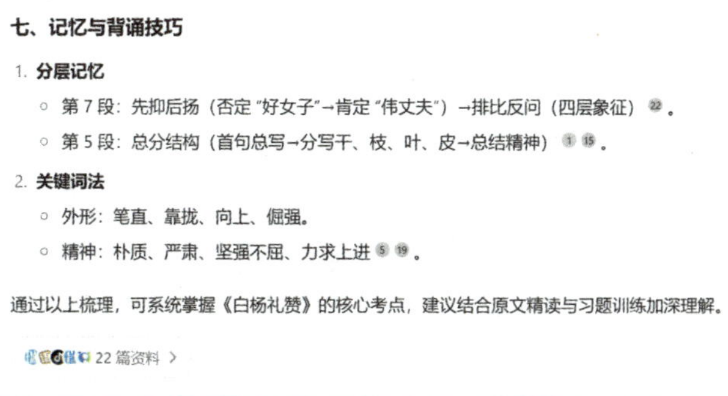

图 4-50　豆包回答 - 记忆与背诵技巧

图 4-51　豆包回答所参考的网页资料

4.1.2 写作技巧提升：打造精彩文章

4.1.2.1 豆包 AI 的深度思考，助力作文提升

与豆包 AI 沟通，利用它的“深度思考”模式，可以给出很有针对性的作文提分技巧，如图 4-52 所示。我们来询问豆包 AI，让它帮我们拆解分析 2024 年全国卷的语文高考作文题目。

图 4-52 让豆包解析高考作文题目

豆包首先拆解了全国甲卷的一个真题，如图 4-53 所示。从核心命题逻辑、写作策略、高分范式三个方面拆解了这个作文题目，给出了解题思路与高分技巧。

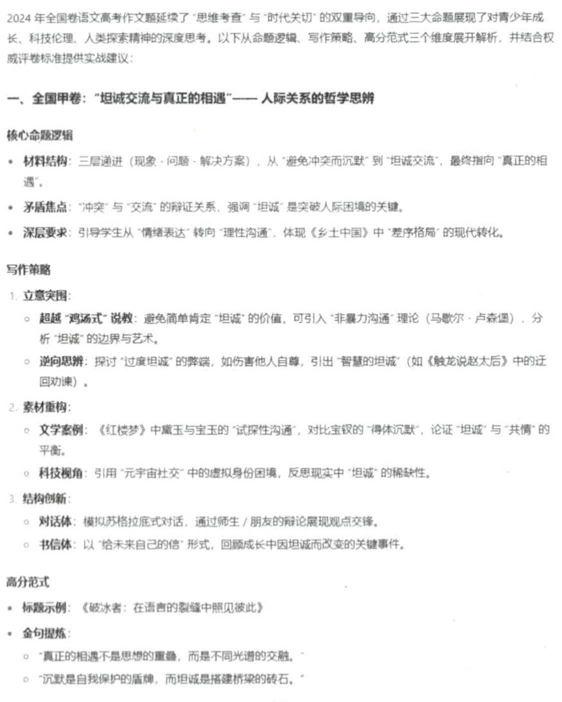

2024 年全国卷语文高考作文题延续了“思维考查”与“时代关切”的双重导向，通过三大命题展现了对青少年成长、科技伦理、人类探索精神的深度思考。以下从命题逻辑、写作策略、高分范式三个维度展开解析，并结合权威评卷标准提供实战建议：

一、全国甲卷：“坦诚交流与真正的相遇”—— 人际关系的哲学思辨

核心命题逻辑

- **材料结构**：三层递进（现象 - 问题 - 解决方案），从“避免冲突而沉默”到“坦诚交流”，最终指向“真正的相遇”。
- **矛盾焦点**：“冲突”与“交流”的辩证关系，强调“坦诚”是突破人际困境的关键。
- **深层要求**：引导学生从“情绪表达”转向“理性沟通”，体现《乡土中国》中“差序格局”的现代转化。

写作策略

1. **立意突围**：
   - **超越“鸡汤式”说教**：避免简单肯定“坦诚”的价值，可引入“非暴力沟通”理论（马歇尔·卢森堡），分析“坦诚”的边界与艺术。
   - **逆向思辨**：探讨“过度坦诚”的弊端，如伤害他人自尊，引出“智慧的坦诚”（如《触龙说赵太后》中的迂回劝谏）。
2. **素材重构**：
   - **文学案例**：《红楼梦》中黛玉与宝玉的“试探性沟通”，对比宝钗的“得体沉默”，论证“坦诚”与“共情”的平衡。
   - **科技视角**：引用“元宇宙社交”中的虚拟身份困境，反思现实中“坦诚”的稀缺性。
3. **结构创新**：
   - **对话体**：模拟苏格拉底式对话，通过师生 / 朋友的辩论展现观点交锋。
   - **书信体**：以“给未来自己的信”形式，回顾成长中因坦诚而改变的关键事件。

高分范式

- **标题示例**：《破冰者：在语言的裂缝中照见彼此》
- **金句提炼**：
  - “真正的相遇不是思想的重叠，而是不同光谱的交融。”
  - “沉默是自我保护的盾牌，而坦诚是搭建桥梁的砖石。”

图 4-53 豆包拆解全国甲卷作文题目

同时分析了新课标Ⅰ卷和新课标Ⅱ卷的高考作文题，如图 4-54 所示。

通过前面的高考作文题目分析，豆包爱学总结归纳出命题趋势以及备考启示，如图 4-55 所示。

二、新课标 I 卷：“答案与问题”—— 科技时代的思维革命

三、新课标 II 卷：“抵达未知之境”—— 探索精神的当代诠释

图 4-54 豆包也分析了新课标 I 卷和 II 卷作文题

四、全国卷作文命题趋势与备考启示

1. **三大转向**：
   - **从“知识输出”到“思维竞技”**：如甲卷要求对“坦诚”的多元理解，新课标 I 卷对“答案”的批判性思考。
   - **从“单一视角”到“跨学科整合”**：乙卷将航天探索与个人成长结合，体现“科技 + 人文”的命题特色。
   - **从“标准答案”到“开放思辨”**：评分标准允许“合理的多元观点”，如新课标 I 卷对“问题是否减少”的正反论证。
2. **备考策略**：
   - **素材库升级**：
     - **科技伦理**：积累 AI 伦理争议、基因编辑等案例，体现对时代议题的敏感度。
     - **经典文本**：深度研读《乡土中国》《人类群星闪耀时》等，提升论证的文化厚度。
   - **思维训练**：
     - **辩证思维**：对“传统与创新”“科技与人文”等议题，培养“正反合”的论证框架。
     - **具象思维**：将抽象概念转化为生动意象，如用“敦煌壁画的飞天”比喻“自由探索”。
   - **表达优化**：
     - **学术化表达**：使用“认知突围”“元问题”等术语，提升专业感。
     - **诗化语言**：引用《诗经》“周虽旧邦，其命维新”，增强文采。

图 4-55 豆包回答 – 作文命题趋势与备考启示

紧接着盘点了一些常见的写作问题以及典型错误汇总，如图 4-56 所示。通过这部分的学习，我们会避免大部分写作时的一些典型错误。

五、避坑指南与实战技巧

1. **评分雷区**：
   - **套作痕迹明显**：如机械使用“总分总 + 三个名人例子”的结构，易被判定为“低水平重复”。
   - **素材陈旧**：慎用“司马迁忍辱写史记”“居里夫人发现镭”等被过度使用的案例。
   - **逻辑漏洞**：如甲卷论证“坦诚交流”时忽略“对象差异”（对陌生人与密友的沟通方式不同）。
2. **实战技巧**：
   - **审题三问**：
     - **核心矛盾是什么？**（如新课标 I 卷“答案与问题”的辩证关系）
     - **命题陷阱在哪里？**（如甲卷“坦诚”可能被误解为“无边界倾诉”）
     - **我的独特视角是什么？**（如从“算法推荐导致信息茧房”切入甲卷）
   - **结构模板**：
     - **层进式**：现象→本质→解决方案（如乙卷：航天探索现象→探索精神本质→个人成长启示）
     - **对照式**：正面案例（张桂梅探索教育公平）与反面案例（某些学生依赖搜题软件）

六、典型误区与修正方案

误区类型	示例分析	修正方案
立意浅表化	甲卷仅写“坦诚交流很重要”，缺乏深度分析	引入“沟通成本”理论，论证坦诚的经济与情
素材堆砌	乙卷罗列多个航天事例，缺乏内在逻辑关联	用“好奇心 - 探索 - 突破”的链条串联素材
语言平淡	新课标 I 卷：“科技让问题变少”	改为：“当 AI 成为人类的提词器，我们正在 者的勇气”

图 4-56 豆包回答 – 写作问题和典型错误

豆包 AI 在最后给出了一些高考作文的评分标准，帮助我们写出更符合高考要求的作文，如图 4-57 所示。还温馨地为下一届考生给出了一些备考建议。

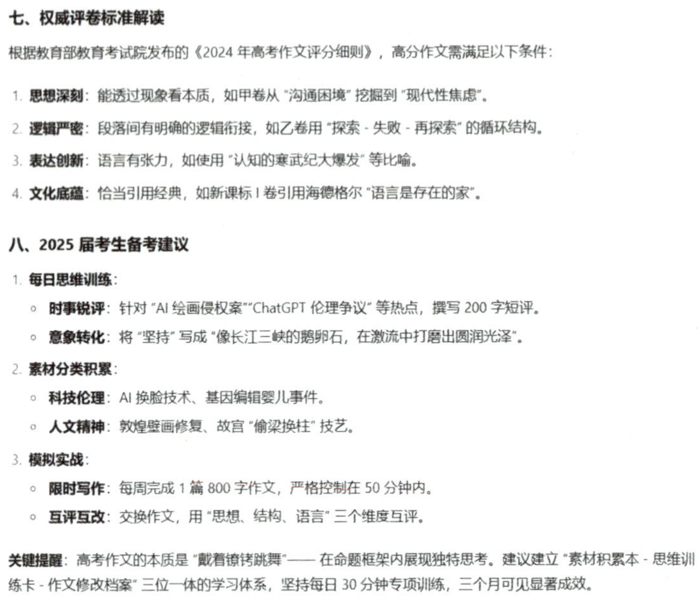

七、权威评卷标准解读

根据教育部教育考试院发布的《2024 年高考作文评分细则》，高分作文需满足以下条件：

1. **思想深刻**：能透过现象看本质，如甲卷从“沟通困境”挖掘到“现代性焦虑”。
2. **逻辑严密**：段落间有明确的逻辑衔接，如乙卷用“探索 - 失败 - 再探索”的循环结构。
3. **表达创新**：语言有张力，如使用“认知的寒武纪大爆发”等比喻。
4. **文化底蕴**：恰当引用经典，如新课标 I 卷引用海德格尔“语言是存在的家”。

八、2025 届考生备考建议

1. **每日思维训练**：
   - **时事锐评**：针对“AI 绘画侵权案”“ChatGPT 伦理争议”等热点，撰写 200 字短评。
   - **意象转化**：将“坚持”写成“像长江三峡的鹅卵石，在激流中打磨出圆润光泽”。
2. **素材分类积累**：
   - **科技伦理**：AI 换脸技术、基因编辑婴儿事件。
   - **人文精神**：敦煌壁画修复、故宫“偷梁换柱”技艺。
3. **模拟实战**：
   - **限时写作**：每周完成 1 篇 800 字作文，严格控制在 50 分钟内。
   - **互评互改**：交换作文，用“思想、结构、语言”三个维度互评。

关键提醒：高考作文的本质是“戴着镣铐跳舞”——在命题框架内展现独特思考。建议建立“素材积累本 - 思维训练卡 - 作文修改档案”三位一体的学习体系，坚持每日 30 分钟专项训练，三个月可见显著成效。

图 4-57　豆包回答 – 评分标准和备考建议

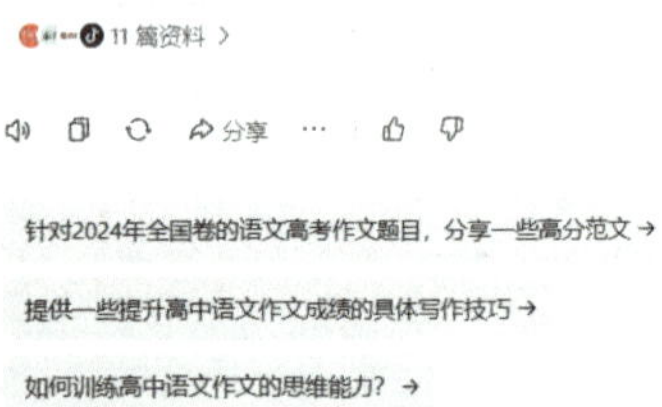

图 4-58　豆包回答 – 附相关资料链接

总体来说，这个回答非常全面，如果想要详细了解某一个考题，可以与豆包进一步产生对话。因为篇幅有限，我们就不再展开说明。本案例主要让我们了解豆包的强大分析高考作文的能力。

回答末尾豆包 AI 会附上所有相关资料的链接，同时给出了一些可能想询问的相关问题，只需要点击，就可以继续追问豆包 AI。如图 4-58 所示。

4.1.2.2　语文作文提分建议

我们手动输入下一个问题，让豆包为高一的学生提供一些练习语文写作的建议，如图 4-59 所示。

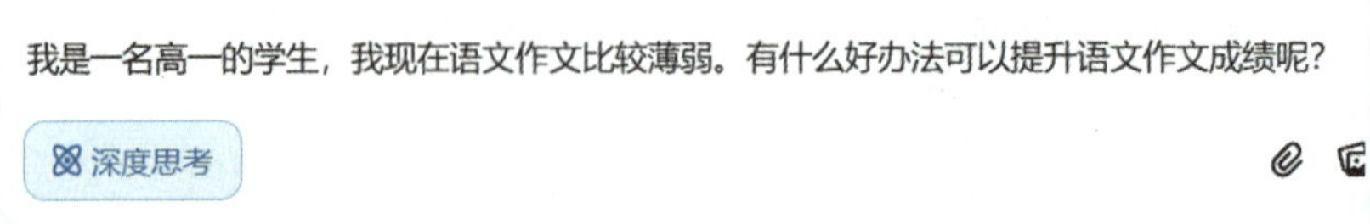

图 4-59　让豆包提供提升语文作文成绩的建议

针对高一的同学，豆包 AI 给出了三个方向的素材库，经典文学素材增强文化底蕴、时新科技素材紧跟当今社会、生活思辨素材增加写作温度。如图 4-60 所示。

作为高一学生，语文作文提分需要从基础积累、思维训练和写作技巧三个维度系统突破。以下是结合高考命题趋势的针对性建议：

一、建立 "三维素材库"：解决 "无话可说" 困境

1. 经典文学素材（文化厚度）

- **主题归类**：按 "家国情怀"" 科技人文 ""生命哲思" 等主题整理教材篇目（如《乡土中国》《赤壁赋》），提取可迁移的意象（如 "月" 的时空感、"竹" 的君子人格）。
- **跨文本联结**：将《红楼梦》的服饰礼仪文化与故宫修缮案例结合，论证 "传统创新" 主题。

2. 时新科技素材（时代深度）

- **科技伦理案例**：关注 AI 绘画侵权案、基因编辑婴儿事件，分析 "技术边界与人文坚守"。
- **科学家精神**：积累南仁东 "FAST 天眼"22 年选址、颜宁归国创立深圳医学科学院等素材，展现 "好奇心驱动与家国担当"。

3. 生活思辨素材（共鸣感）

- **微观察记录**：每周记录 1 个校园场景（如食堂智能结算系统引发的排队新现象），训练 "从现象到本质" 的提炼能力。
- **社会热点转化**：将 "孔乙己文学" 与《祝福》中祥林嫂的生存困境对比，论证 "精神枷锁的时代演变"。

图 4-60　豆包回答 - 三维素材库

接下来是构建思维模型，突破写作立意平庸的瓶颈，这一步建立在素材积累之上，通过融会贯通地积累素材，逐渐形成自己的多维思维。豆包 AI 提到了辩证思维、批判性思维、跨学科思维、历史思维、具象思维等工具。如图 4-61 所示。

二、构建 "五维思维模型"：突破 "立意平庸" 瓶颈

1. 辩证思维（矛盾统一）

- **训练方法**：对 "网络社交让人更孤独" 等争议性话题，用 "技术工具属性 - 使用者主观能动性" 的框架分析。
- **示例**：2024 年甲卷作文 "坦诚交流与真正的相遇"，可论证 "算法推荐导致信息茧房，但主动选择跨圈层对话能实现认知突围"。

2. 批判性思维（质疑重构）

- **经典文本再解读**：重新审视《愚公移山》，提出 "移山不如修路" 的现代治理思维，体现创新意识。
- **权威观点质疑**：对 "学海无涯苦作舟"，结合脑科学记忆规律，提出 "快乐学习法" 的可行性。

3. 跨学科思维（知识迁移）

- **理科思维文科化**：用数学 "坐标系" 概念构建议论文结构（横轴为时间维度，纵轴为空间维度）。
- **文科知识理科化**：用化学 "催化剂" 原理比喻 "关键事件对人生轨迹的加速作用"。

4. 历史思维（时空纵深）

- **古今对话**：将北宋交子发行与数字人民币推行对比，论证 "货币演变中的信任机制"。
- **中西对照**：比较敦煌壁画飞天与西方天使形象，分析不同文明对 "自由" 的审美表达。

5. 具象思维（感性升华）

- **意象转化**：将 "文化传承" 具象为 "景德镇青花瓷的釉料配方千年演变"。
- **场景还原**：用 "实验室凌晨三点的灯光" 替代笼统的 "科学家奉献精神" 表述。

图 4-61　豆包回答 - 五维思维模型

有了素材，也有了思路，下一步就是“下笔如有神”的阶段了，这个阶段豆包给出了“四步写作法”，让你在理解题意的同时，做到表达精准。同时灵活运用之前积累的素材。如图 4-62 所示。

三、掌握 "四步写作法"：实现 "表达精准" 进阶

1. 审题 "三问" 法

- **核心矛盾是什么？**（如 2024 新课标 I 卷 "答案与问题" 的辩证关系）
- **命题陷阱在哪里？**（警惕 "绝对化" 表述，如 "完全替代"" 必然导致 "）
- **我的独特视角是什么？**（从 "技术崇拜者" 转向 "技术反思者" 视角）

2. 结构 "黄金模板"

- **层进式结构**：现象描述（AI 写诗热潮）→本质分析（算法复制与创作本质的区别）→解决策略（人类情感不可替代性）
- **对照式结构**：正面案例（苏轼 "八面受敌读书法"）与反面案例（碎片化阅读导致认知浅薄）

3. 语言 "三化" 策略

- **学术化表达**：将 "要多思考" 转化为 "培养元认知能力，建立思维监控机制"
- **诗化表达**：用 "像敦煌壁画中的飞天，既有飘曳的衣带，又有坚实的供养人底座" 比喻 "理想与现实的平衡"
- **数据化表达**：引用 "神经科学研究显示，深度思考时大脑前额叶皮层活跃度提升 30%" 增强说服力

4. 修改 "三遍法"

- **第一遍**：检查逻辑漏洞（如 "科技导致人际关系疏离" 是否忽略主动使用技术的案例）
- **第二遍**：优化语言质感（将 "很多" 替换为 "鳞次栉比"" 星罗棋布 " 等具象化表达）
- **第三遍**：植入文化符号（在结尾加入 "从河姆渡的陶罐刻符到今天的区块链存证，人类对文明的记录从未停止"）

图 4-62　豆包回答 – 四步写作法

第四点，豆包 AI 给出了具体的落实方案，比如晨读计划、微写作练习、影视化学习、错题本创新，第五点，豆包 AI 给出了一些典型错误。让学习者做到尽早知道，尽早避开。如图 4-63 所示。

四、高一专属提分路径

1. **晨读计划**：每天 15 分钟诵读《人民日报》评论版，模仿 "金句 + 案例 + 升华" 的论证结构
2. **微写作训练**：每周完成 3 篇 200 字 "意象转化" 练习（如将 "坚持" 写成 "像长江三峡的鹅卵石，在激流中打磨出圆润光泽"）
3. **影视化学习**：观看《典籍里的中国》《大国重器》等纪录片，积累可迁移的叙事素材
4. **错题本创新**：建立 "作文高危词汇库"，记录易混淆词语（如 "必须" 与 "必需"）、常见逻辑错误类型

五、避坑指南

1. **慎用 "万能模板"**：避免 "总分总 + 三个名人例子" 的机械结构，高考评分已进入 "反套作" 时代
2. **警惕 "伪文化素材"**：慎用 "仓央嘉措体"" 纳兰容若词 " 等被过度使用的流行文化符号
3. **拒绝 "空泛抒情"**：将 "我热爱祖国" 转化为 "从钱学森归国时的海关行李箱，到如今的中国空间站，每个时代都在用独特方式诠释爱国"

关键提醒：作文提分是系统工程，建议建立 "素材积累本 - 思维训练卡 - 作文修改档案" 三位一体的学习体系。高一阶段重点突破审题能力和思维深度，高二强化语言表达，高三进行实战演练，形成完整的提分链条。坚持每日 30 分钟专项训练，三个月可见显著成效。

图 4-63　豆包回答 – 具体落实方案和避坑指南

4.1.2.3 豆包爱学作文创作

下面我们来学习豆包爱学的作文小功能，在“学习”选项卡中，找到“语文作文”按钮，点击切换到 AI 写作文的页面。如图 4-64 所示。

在这个页面中，我们需要跟豆包交流，尽可能全面地让它知道我们想要写怎样的作文，如图 4-65 所示。首先，页面上有一个大大的文本对话框，可以用文字写上作文的内容、要求、题目等信息，也可以拍摄作文题目，让豆包识别题目的内容。紧接着就是作文字数，一般要求是 800 字左右，文体默认是议论文。

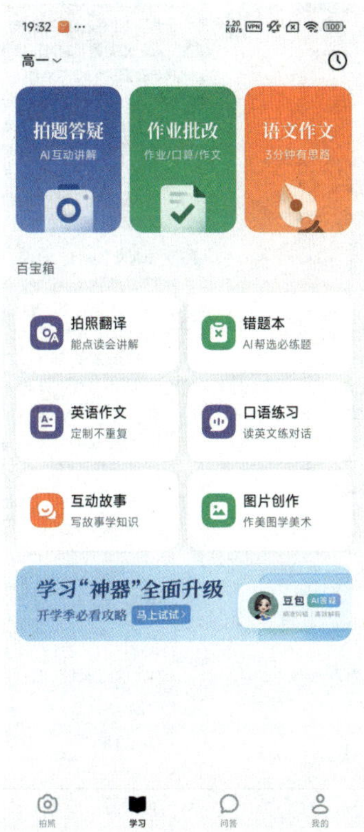

图 4-64　语文作文

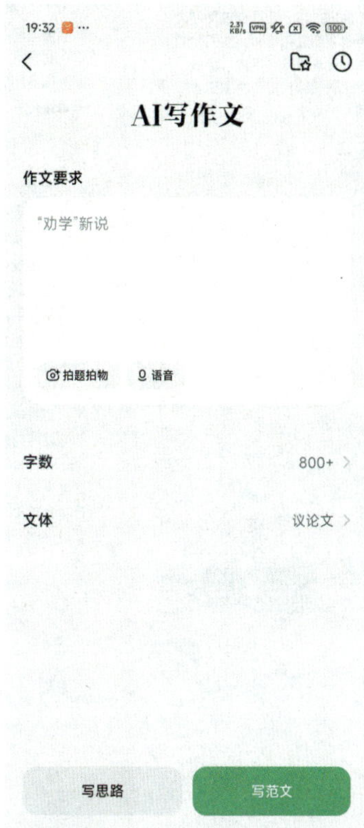

图 4-65　AI 写作文

关于文体，除了议论文以外，还可以切换记叙文或其他，如图 4-66 所示。

我们在文本框中输入往年的一个高考作文题，其他的参数保持不变，点击下方的“写范文”按钮，如图 4-67 所示。在让豆包爱学写作之前，温馨提醒中学生们，一定要在家长的监督下使用该功能，千万不要抄袭豆包写的内容哦。另外，在生成之前也需要家长朋友的实名认证，没有监护人实名认证的情况下，也是无法让 AI 写作文的。

图 4-66　议论文

豆包根据我们输入的题目，很快就写好了一篇 1237 字的作文，题目是《坦诚交流，邂逅真遇》。

如图 4-68 所示。

我们下滑到文章的底部，在这里可以收藏、复制这篇作文，也可以给这篇范文打分评价，如图 4-69 所示。

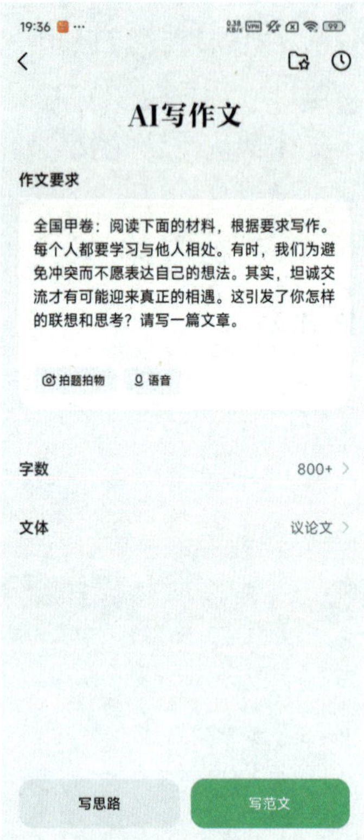

图 4-67 作文要求

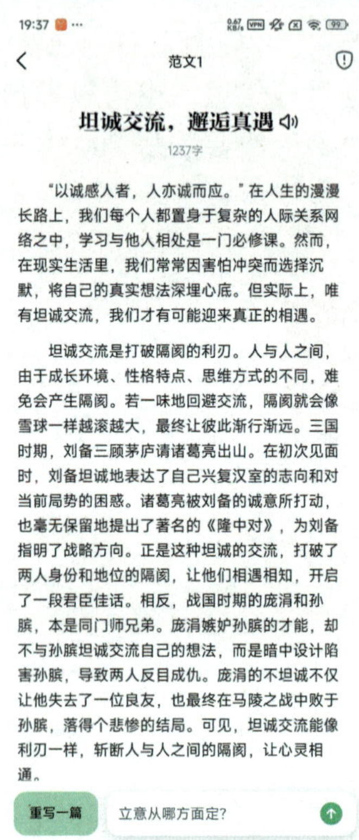

图 4-68 AI 写出的作文

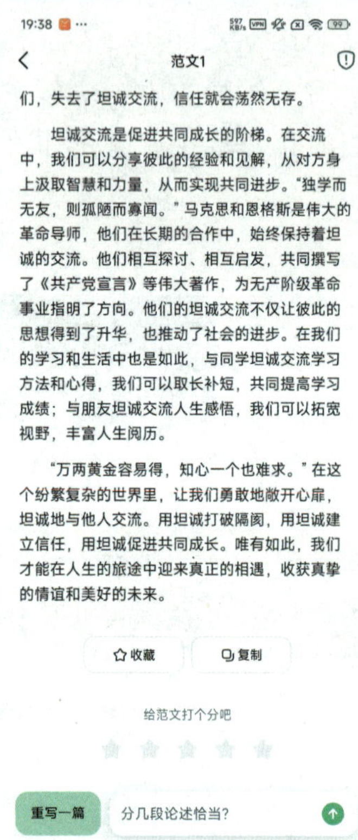

图 4-69 “收藏”和“复制”按钮

下方的功能按钮区域左边是“重写一篇”的按钮，顾名思义就是让豆包以相同的题目重写一篇，右侧则是一个文本对话框，可以围绕本范文和作文题目，展开提问和对话。如图 4-70 所示。

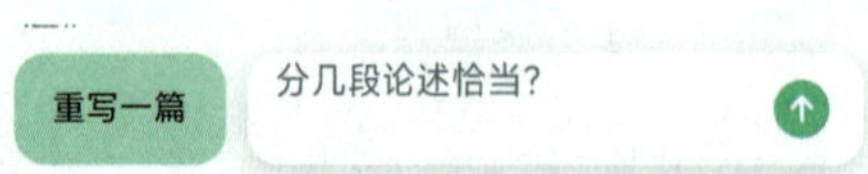

图 4-70 重写一篇

我们先来讲解“重写一篇”的功能，豆包会让我们写入重写的要求或者建议，如图 4-71 所示。这部分也可以不填写，让豆包随机重写一篇。

在这里输入一些重写的新要求，让豆包帮忙重新写一篇范文，如图 4-72 所示。

理论上，豆包可以无限次地生成范文，如图 4-73 所示。不过这些范文的质量和内容需要大家自行甄别，并不是所有的范文都符合题意。

我们与豆包展开对话，询问它关于本文的一些内容，如图 4-74 所示。

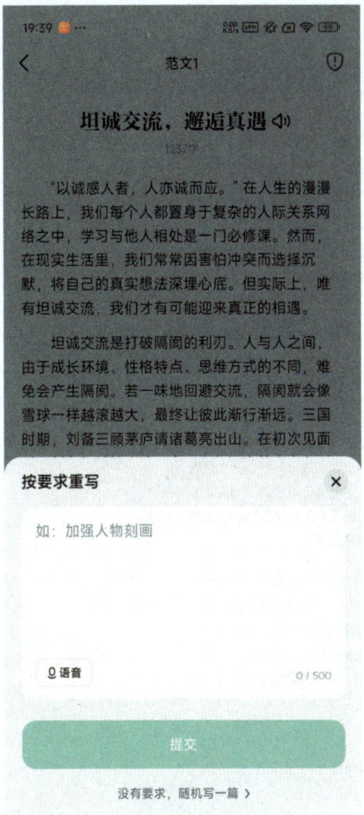

图 4-71　按要求重写功能

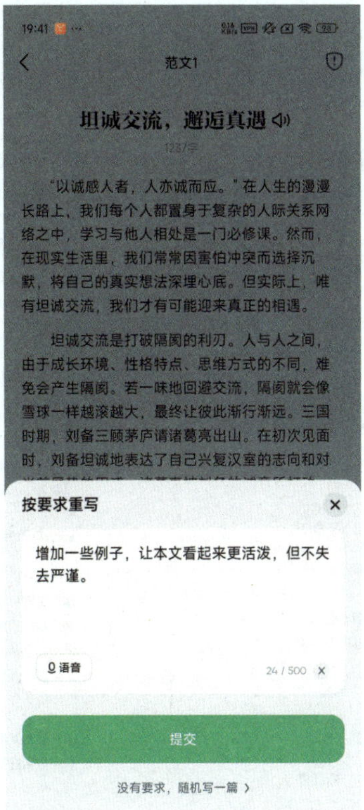

图 4-72　输入重写新要求

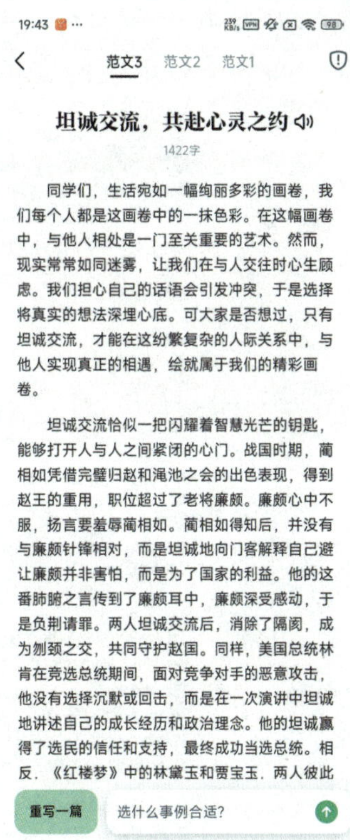

图 4-73　重写的范文

豆包给出了一些可以向它提问的标签，我们也可以手动输入问题内容，如图 4-75 所示。

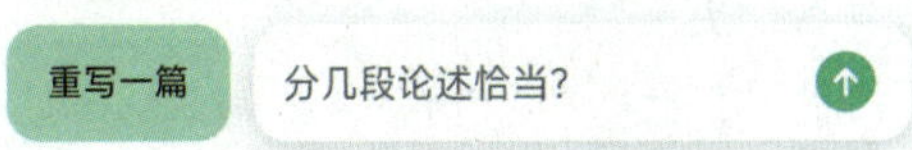

图 4-74　与豆包对话

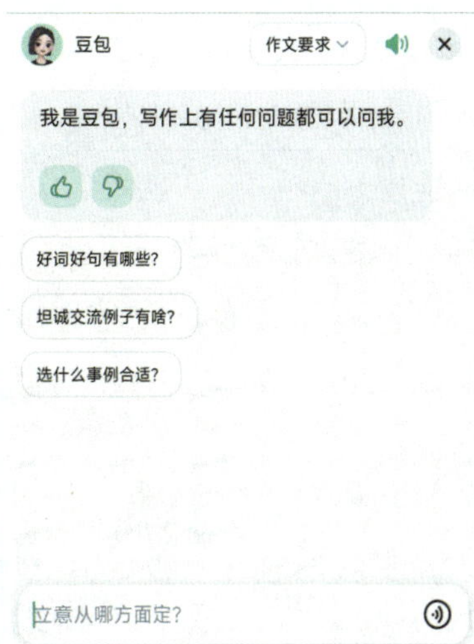

图 4-75　手动输入问题

豆包爱学里的豆包用法与上文介绍的是一致的，只不过现在的场景更为具体，如图 4-76 所示。

我们还可以询问更多问题，如图 4-77 所示。

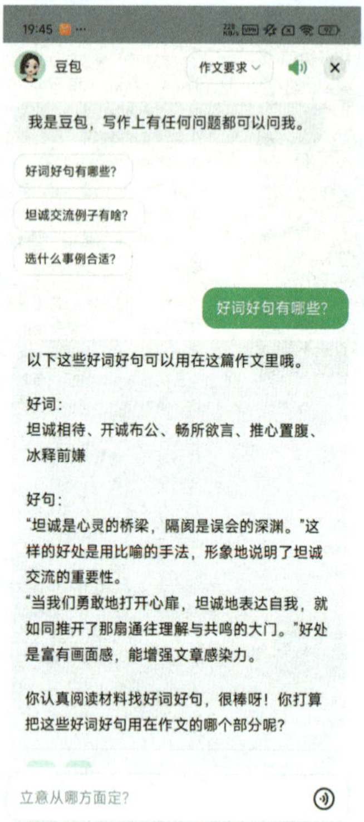

图 4-76　具体问题

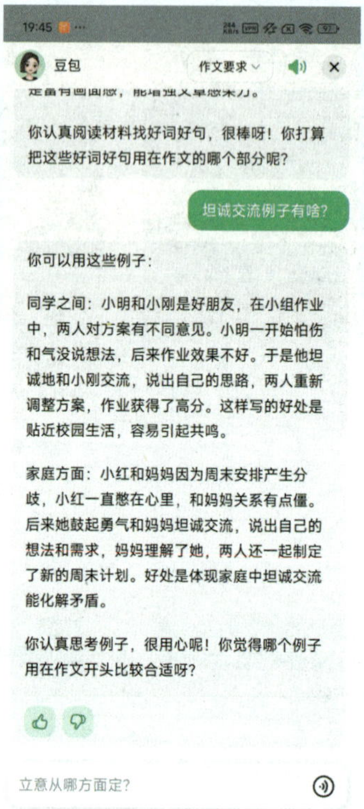

图 4-77　询问更多

这个界面可以查询本文的写作要求，如图 4-78 所示，这是之前我们自己手动输入的。

可以手动输入各种问题，豆包 AI 会很有耐心地进行解答，如图 4-79 所示。

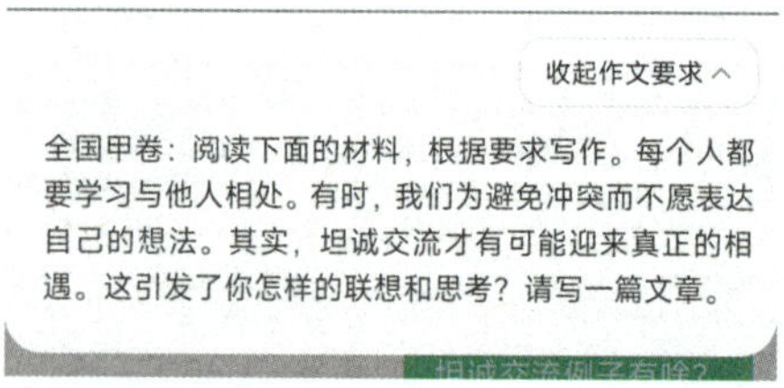

图 4-78　查看作文要求

4.1.2.4　豆包爱学作文批改

豆包爱学还有一个非常实用的功能——作业批改，如图 4-80 所示。这个功能可以批改日常的各类题目，还可以批改语文作文。

启动以后，默认是“作业批改”模式，这个模式是可以修改一些日常的题型，比如选择题、判断题、问答题等。如图 4-81 所示。

切换到“作文批改”模式，这个模式可以通过上传作文照片，批改语文或英语作文。如图 4-82 所示。

我们只需要拍摄写好的作文，让豆包“看到”，就可以让它来批改作文了，如图 4-83 所示。

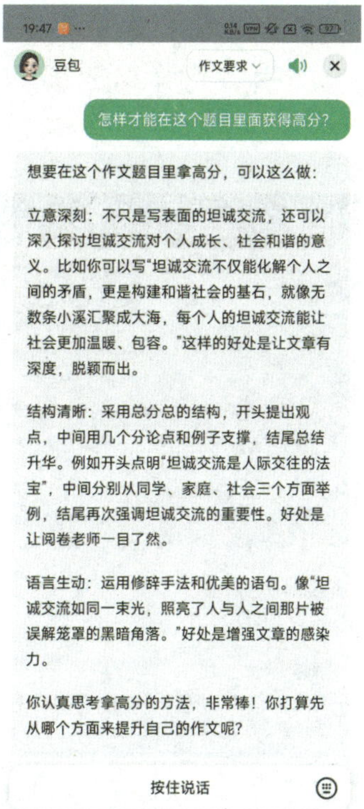

图 4-79　豆包耐心回答

图 4-80　作业批改功能

图 4-81　作业批改

图 4-82　作文批改

批改的结果主要有两个部分，一部分是全文点评，另一部分是分句点评。首先豆包会给作文打分，并宏观点评作文内容，然后再分析作文里面的重点句式，如图 4-84 所示。

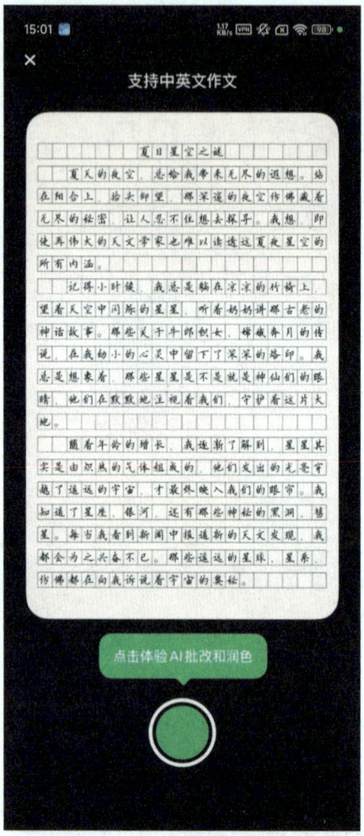

图 4-83　拍摄作文给豆包

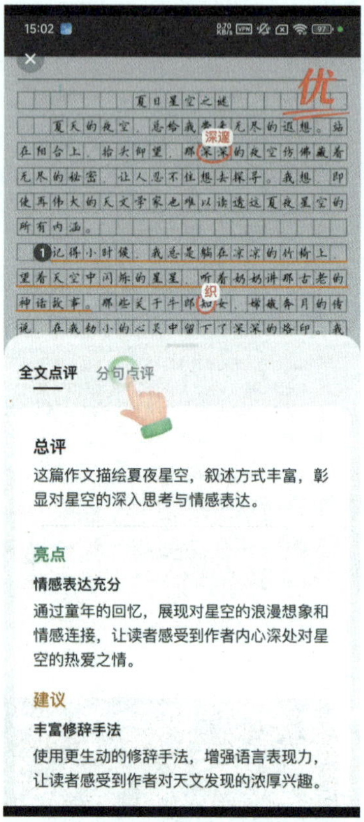

图 4-84　全文点评

在这个案例中，豆包选中了 5 个句子进行详细分析，如图 4-85 所示。学习完这些批改的内容以后，可以让豆包对本文重新“润色”。

润色之后的作文会立即生成，豆包会在文章末尾给出润色的思路，方便我们理解本文的修改内容。如图 4-86 所示。

下面，我们来用一个作文真题来演示豆包批改作文的流程。

作文题目：

以“文化自信与民族复兴”为主题，符合高考作文的常见要求，结构清晰、内容充实、语言流畅。

以下是准备好的文章，如图 4-87 所示。

用手机把这篇文章拍给豆包看，如图 4-88 所示。

等待豆包阅读，如图 4-89 所示。

豆包会给出综合点评和分句点评两个模块，一个是整体方面的，一个是细节层面的。如图 4-90 所示。

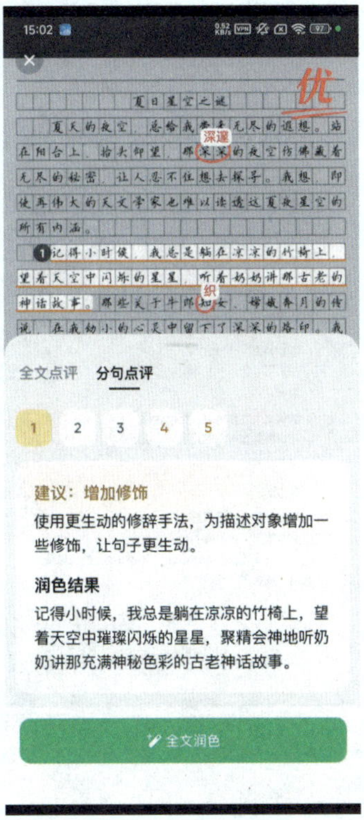

图 4-85　分句点评

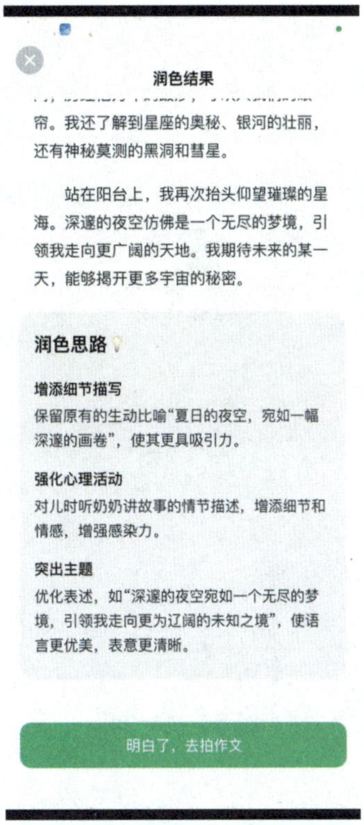

图 4-86　润色结果

《文化自信：民族复兴的精神基石》

文化是一个国家、一个民族的灵魂。文化自信，是更基础、更广泛、更深厚的自信，是更基本、更深沉、更持久的力量。在中华民族伟大复兴的征程中，文化自信不仅是历史的回响，更是时代的呼唤，是民族复兴的精神基石。

一、文化自信源于深厚的历史根基

中华民族五千年的文明史，是文化自信的源头活水。从甲骨文到数字时代，从《诗经》到现代文学，中华文化以其独特的智慧和魅力，滋养了一代又一代中华儿女。孔子的“仁者爱人”，老子的“道法自然”，屈原的“路漫漫其修远兮”，无不彰显着中华文化的深邃与博大。历史告诉我们，文化的力量在于它的传承与创新。正是这种传承与创新，让中华文化在历史的长河中生生不息，成为民族复兴的精神根基。

二、文化自信是时代的必然选择

在全球化的浪潮中，文化自信是抵御外来文化冲击的坚固屏障。当今世界，文化交流与碰撞日益频繁，西方文化的强势输入对传统文化形成了巨大挑战。然而，文化自信并非盲目排外，而是以开放包容的姿态吸收外来文化的精华，同时坚守自身的文化根基。从“一带一路”倡议到国际文化交流，从故宫文创的创新到国产影视作品的崛起，中华文化正以自信的姿态走向世界。这种自信，不仅是一种文化自觉，更是一种文化担当。

三、文化自信是民族复兴的精神动力

文化自信是民族复兴的精神动力，它激励着每一个中华儿女为实现中华民族伟大复兴的中国梦而努力奋斗。从钱学森、邓稼先的科技报国，到莫言、屠呦呦的文化与科学突破，从脱贫攻坚的全面胜利到航天事业的辉煌成就，无一不彰显着文化自信的力量。文化自信让中华民族在面对困难时更加从容，在追求梦想时更加坚定。它不仅是历史的传承，更是现实的召唤，是未来发展的方向。

四、文化自信需要每个人的身体力行

文化自信不是空洞的口号，而是具体的行动。作为新时代的青年，我们肩负着传承和弘扬中华文化的重任。从学习传统文化到参与文化创新，从保护历史遗迹到推动文化交流，我们都是文化自信的践行者。正如习近平总书记所说：“文化自信是更基础、更广泛、更深厚的自信。”让我们以文化自信为帆，以民族复兴为舵，在时代的浪潮中扬帆远航，书写中华民族更加辉煌的篇章。

文化自信，是中华民族的精神脊梁。它让我们在历史中找到根基，在现实中找到方向，在未来中找到希望。让我们以文化自信为力量，共同铸就中华民族伟大复兴的中国梦！

图 4-87　AI 范文

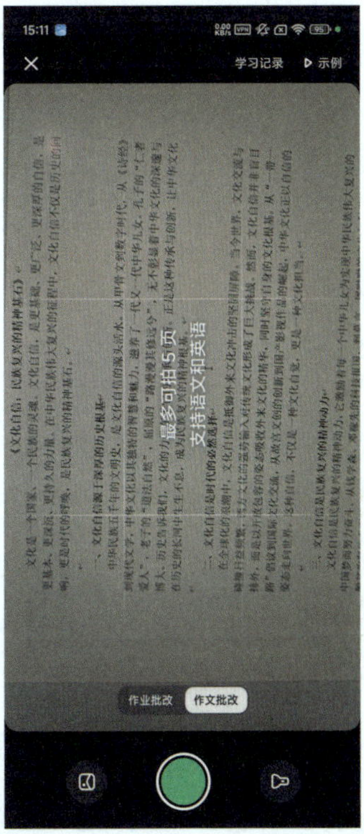

图 4-88　作文批改

图 4-89　等待批改

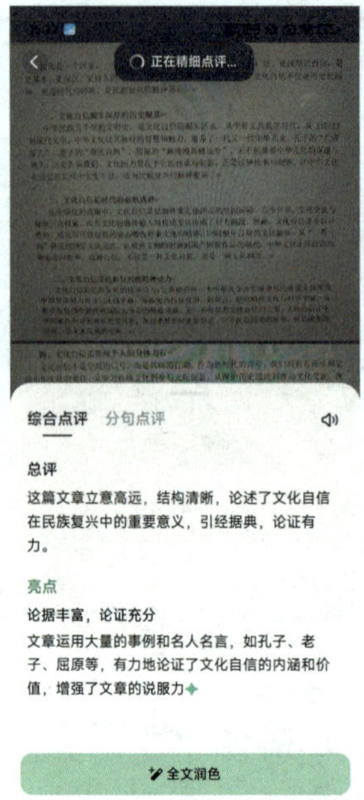

图 4-90　综合点评

可以看到，豆包还会给我们的作文评定等级，并且画出几个比较关键的重点句，如图 4-91 所示。

综合点评部分会给出本文两点以上修改建议，如图 4-92 所示。

分句点评会将这些被选中的句子逐一拆解分析，如图 4-93 所示。

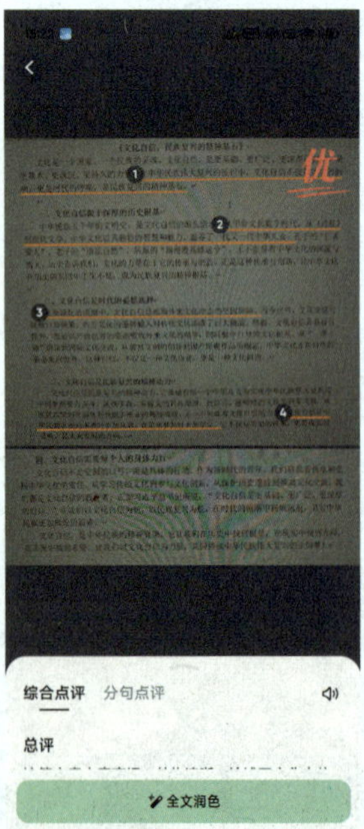

图 4-91　重点内容

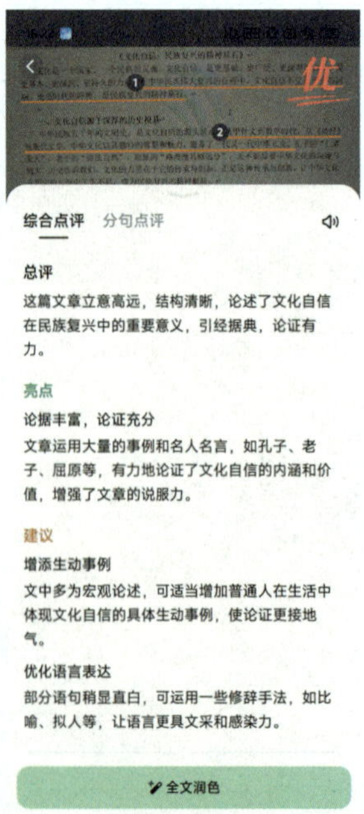

图 4-92　综合点评给出的建议

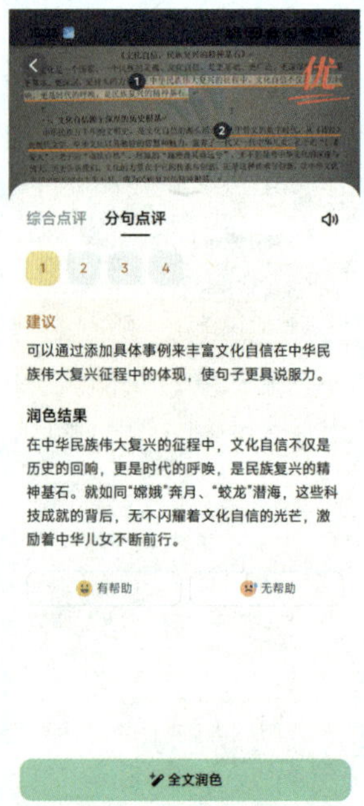

图 4-93　分句点评（1）

每一个分句都会给出修改建议以及润色结果，如图 4-94 所示，有助于我们提升写作水平。查看完修改建议以后，点击下方的“全文润色”按钮，让豆包重新根据修改意见，完善本文。

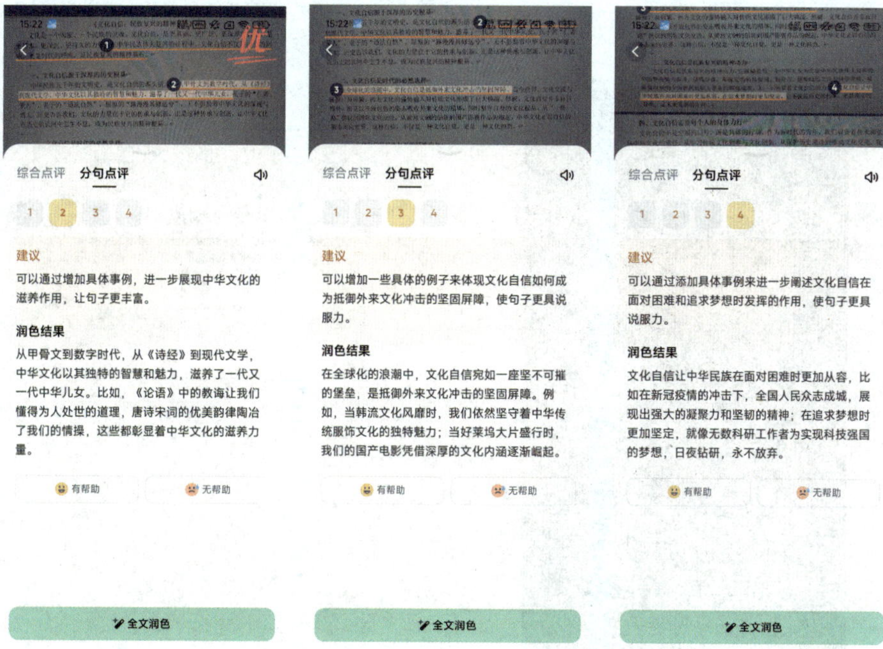

图 4-94　分句点评（2）（3）（4）

润色结果如图 4-95 所示。

在润色结果的末尾，可以查看本文的润色思路，如图 4-96 所示。

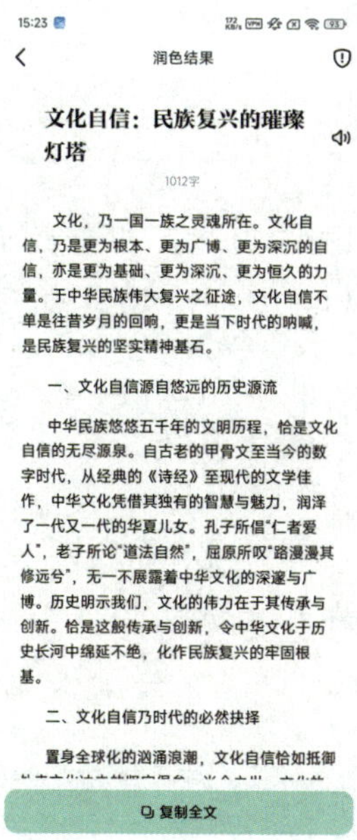

图 4-95　润色结果

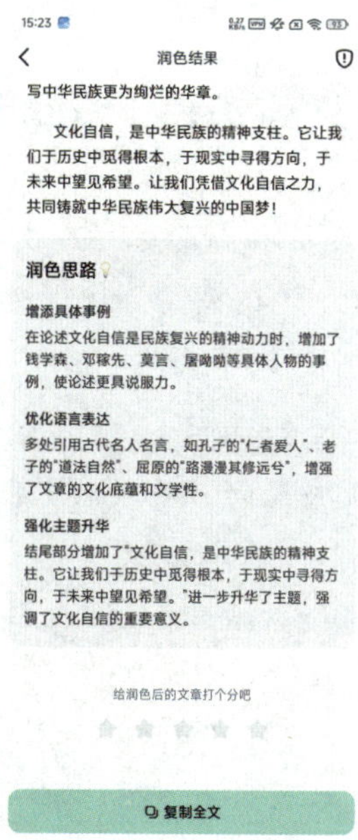

图 4-96　润色思路

在最初的拍摄作业界面的顶部，有一个“学习记录”的按钮，点击可以查看全部的批改记录，如图 4-97 所示。

在学习记录中，包含了所有的已上传的作文内容和修改意见，如图 4-98 所示。

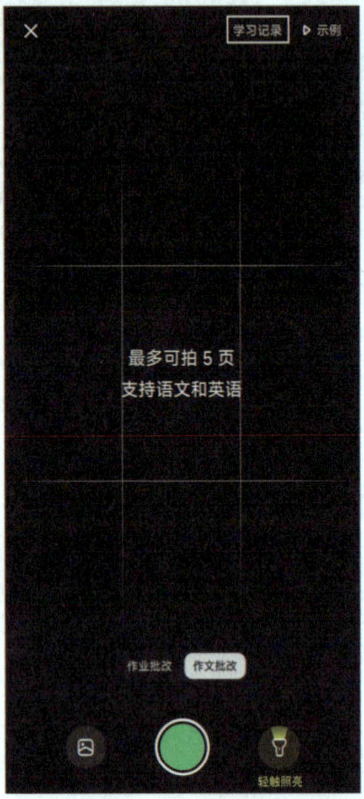

图 4-97 “学习记录”按钮

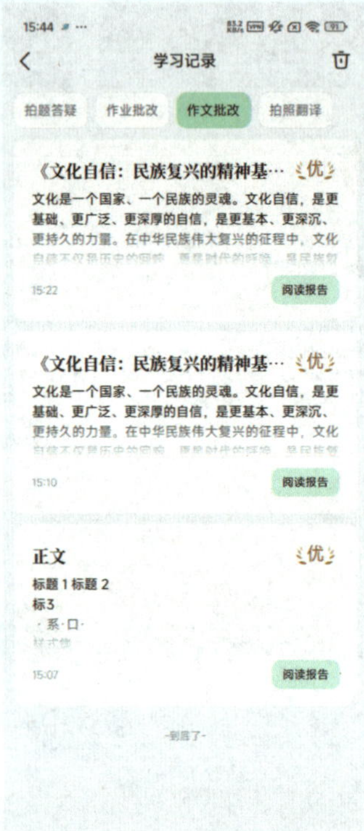

图 4-98 学习记录内容

4.1.3 文言文与古诗：领略古典精粹

4.1.3.1 趣解《桃花源记》：与豆包 AI 共赏文言文之美，探寻桃花源之秘

《桃花源记》是东晋文学家陶渊明的经典散文。不论是课前预习，还是课后温习，使用豆包 AI 探讨这篇课文都是非常合适的。

我们可以让豆包讲解《桃花源记》的整体内容，帮助一个初二的同学迅速理解这篇文章的趣味和考点，如图 4-99 所示。

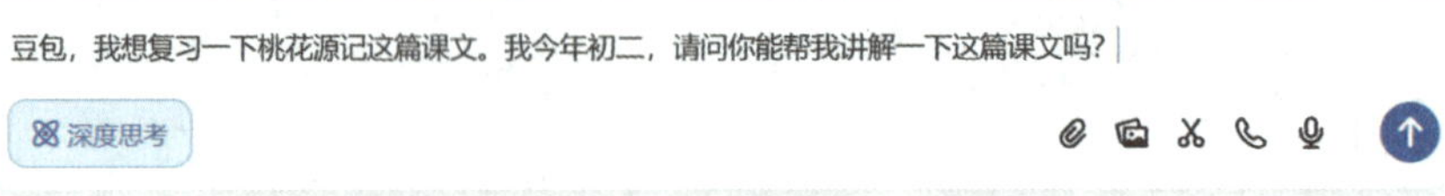

图 4-99 让豆包讲解《桃花源记》

首先，豆包 AI 给出了核心考点，列出了通假字、古今异义词，如图 4-100 所示。

《桃花源记》是陶渊明笔下的千古名篇，也是初二语文的核心篇目。作为统编版教材八年级下册第三单元的文言文，这篇课文不仅要求掌握文言知识，更需要理解其背后的社会理想与文学价值。以下从**核心考点、深度解析、拓展延伸**三个维度为你系统梳理复习重点：

一、核心考点梳理

1. 文言知识清单

- **通假字**
  - **"要" 通 "邀"**：便要还家（邀请）[3]
  - **"具" 通 "俱"**：具答之（详细）[10]
- **古今异义词**

词语	古义	今义
妻子	妻子和儿女	男子的配偶
绝境	与世隔绝的地方	无出路的境地
交通	交错相通	交通运输
鲜美	鲜艳美丽	食物味道好

图 4-100　豆包回答 - 核心考点梳理

然后豆包 AI 梳理了课文结构与主题，给出了发现桃园到离开桃园的故事线，如图 4-101 所示。

2. 课文结构与主题

- **叙事脉络**：
  发现桃源（缘溪行→豁然开朗）→**进入桃源**（生活图景→民风淳朴）→**离开桃源**（再寻未果）[4]
- **主题思想**：
  - **社会理想**：通过虚构 "土地平旷，屋舍俨然" 的桃花源，批判东晋战乱与苛政，表达对和平、平等社会的向往[5]。
  - **隐逸情怀**：借 "不足为外人道" 的叮嘱，暗示作者对现实的失望与对田园生活的坚守[12]。

3. 写作手法

- **虚实结合**：
  - **实**：用 "武陵""南阳" 等真实地名增强故事可信度[5]。
  - **虚**：以 "不复得路""无人问津" 暗示理想的虚幻性[8]。
- **语言简练**：
  全文仅 300 余字，多用短句与省略句（如 "林尽水源，便得一山"），营造简洁流畅的叙事节奏[5]。

图 4-101　豆包回答 - 课文结构与主题

然后是深度解析的部分，如图 4-102 所示。提到了桃花源理想与现实的矛盾性，还提到了陶渊明对于隐逸的新解，最后提到了桃花源的历史印证——常德。

了解完本文的主要内容以后，再来看拓展延伸部分，如图 4-103 所示。豆包 AI 推荐了其他的相似古文，增加知识面的同时激发学生对相似题材的兴趣。《桃花源记》这篇文章对于后世的影响也是巨大的，比如说沈从文《边城》和蒲松龄《聊斋志异》都有致敬过《桃花源记》。

二、深度解析

1. 桃花源的“矛盾性”

- **理想与现实的冲突**:
  - 桃花源的“良田美池”“怡然自乐”与外界的“战乱频繁”“民不聊生”形成鲜明对比[5]。
  - 作者通过“问今是何世，乃不知有汉，无论魏晋”，暗示桃源人逃避现实的无奈[6]。
- **存在与虚无的悖论**:
  渔人“处处志之”却无法复得，刘子骥“欣然规往”却“寻病终”，说明理想社会在现实中难以实现[8]。

2. 陶渊明的“隐逸”新解

- **与魏晋名士的区别**:
  陶渊明追求的不是山林之隐，而是“躬耕自资”的田园生活，如《归园田居》中“晨兴理荒秽，带月荷锄归”[12]。
- **儒道思想的融合**:
  - **儒家**:“黄发垂髫，并怡然自乐”体现孟子“民为贵”的思想[5]。
  - **道家**:“小国寡民”的社会模式源自老子《道德经》[5]。

3. 常德“桃花源”的历史印证

- **地理关联**:
  课文中的“武陵”即常德古称，桃花源景区至今留存“秦人古洞”“桃花山”等遗迹，印证了陶渊明对本地文化的影响[7]。
- **地方特色拓展**:
  常德桃花源在唐宋时期成为文人雅士的“隐逸圣地”，如王维《桃源行》、刘禹锡《游桃源一百韵》均以常德为背景[7]。

图 4-102　豆包回答 – 深度解析

三、拓展延伸

1. 对比阅读

- **与《大道之行也》的异同**:
  - **相同**:均描绘理想社会，强调“天下为公”。
  - **不同**:《桃花源记》侧重个人隐逸，《大道之行也》侧重社会制度[1]。
- **与《小石潭记》的意境差异**:
  柳宗元的“凄神寒骨”与陶渊明的“怡然自乐”，分别体现了“贬谪文人”与“隐逸诗人”的不同心境[8]。

2. 文学影响

- **后世创作母题**:
  - 沈从文《边城》中的湘西世界、汪曾祺《受戒》中的田园生活，均受《桃花源记》启发[5]。
  - 蒲松龄《聊斋志异》中“仙境”描写（如《婴宁》），借鉴了本文的虚实结合手法[5]。

3. 考试题型预测

- **文言翻译**:
  示例:阡陌交通，鸡犬相闻。（田间小路交错相通，村落间能听到鸡鸣狗叫的声音。）[9]
- **主题分析**:
  问题:作者为何虚构桃花源?
  答案:通过对比现实的黑暗，表达对和平社会的向往，同时反映文人在乱世中的精神寄托[5]。
- **写作手法**:
  问题:分析“渔人甚异之”中“异”的表达效果。
  答案:“异”字不仅写出渔人的惊讶，更暗示桃花林的神秘，为下文发现桃源作铺垫[3]。

图 4-103　豆包回答 – 拓展延伸

介绍完这些内容以后，豆包 AI 最后落到实处，对考点进行梳理，如图 4-104 所示。它给出了若干复习策略，包括本文的文言词汇、课文大纲的理解以及应试技巧。

如果我们想要发挥豆包 AI 更大的能力，可以让豆包 AI 给我们讲述一个现代文版本的《桃花源记》，只需要跟豆包 AI 产生对话即可，如图 4-105 所示。

四、复习策略

1. **文言词汇**：
   - 制作"通假字、古今异义词、词类活用"表格，每日背诵 5 个重点词。
   - 结合例句记忆，如"便要还家"对应"邀请"[10]。
2. **课文理解**：
   - 绘制"渔人行踪路线图"，标注关键情节（发现→进入→离开→再寻）。
   - 对比《桃花源诗》，理解散文与诗歌的不同表达[5]。
3. **应试技巧**：
   - 归纳常见考点（如"不足为外人道"的用意、"黄发垂髫"的指代）。
   - 练习翻译句子时，注意保留文言句式（如"南阳刘子骥，高尚士也"为判断句）。

通过以上梳理，你可以系统掌握《桃花源记》的核心知识，同时结合本地文化（如常德桃花源景区）深化理解。复习时建议先通读课文，再对照注释逐句翻译，最后通过习题巩固重点。若需进一步解析，可随时提问！

14 篇资料 >

图 4-104　豆包回答 - 复习策略

能不能用现代文，讲解一下桃花源记的故事呢？我喜欢听故事。并且帮我分析一下，这篇文章好在哪里？

深度思考

图 4-105　让豆包用现代文讲解《桃花源记》

豆包 AI 开始给我们讲述一个现代文版本的《桃花源记》，题目是《误入仙境的渔人》，如图 4-106 所示。文章包括神秘洞穴、世外桃源、穿越时空的对话、贪欲的代价、理想的挽歌几部分。这个讲解可以说是非常戏剧化，既尊重了原著，也方便了我们现代人去理解。

没问题！我用现代故事的方式给你讲《桃花源记》，再分析它的独特魅力，包你听得过瘾！

一、故事新编：误入仙境的渔人

东晋太元年间，武陵郡有个渔夫，每天划着小船在溪上捕鱼。这天他顺着溪流越划越远，渐渐忘了时间。突然，眼前出现一片粉色的迷雾 —— 两岸几百步全是桃树，花瓣像雪片般飘落在碧绿的水面上，连空气中都弥漫着清甜的香气。渔夫看得呆住了，船桨不知不觉停在水里。

神秘洞穴

他顺着桃林划到尽头，发现溪水源头有座小山，山壁上有个窄窄的洞口，透出微弱的光。渔夫好奇地爬上岸，侧身挤进山洞。刚开始只能容一人通过，越往里走，光线越来越亮，突然"轰"地一声，眼前豁然开朗！

世外桃源

眼前是一片平坦的土地，良田像绿色的毯子铺到天边，池塘里荷花盛开，桑竹围成天然的篱笆。田间小路上，老人牵着小孩的手散步，年轻人在田里耕种，鸡犬的叫声此起彼伏。更奇怪的是，他们的衣服款式居然和秦朝一模一样！

穿越时空的对话

村民们看到渔夫，先是吓得后退，随后热情地围上来。一位白胡子老者颤巍巍地说："我们的祖先为了躲避秦朝的战乱，带着家人逃到这里，没想到一住就是六百年！"当渔夫说起外面已经是晋朝时，所有人都沉默了，眼中满是悲伤。

贪欲的代价

渔夫在村里住了几天，每天都有人杀鸡摆酒款待他。临走时，村民们再三叮嘱："千万不要告诉外人这里的存在！"但渔夫刚出山洞，就沿路用石头做了记号，还立刻跑去太守那里报告。当官兵跟着他再次寻找时，那些记号却神秘消失了，连洞口都找不到了。

理想的挽歌

后来，有个叫刘子骥的隐士听说了这件事，兴奋地准备去探险，却在出发前突然生病去世。从此，再也没有人问起桃花源的下落......

图 4-106　豆包回答 - 故事新编

紧接着，豆包 AI 给我们解释了为什么《桃花源记》对后世影响如此巨大，如图 4-107 所示。给出了“封神”的五大原因，包括虚实交织的魔幻现实主义、对理想社会的精准画像、人性弱点的深刻隐喻、极简主义的文学巅峰、穿越时空的文化密码。

二、文章封神的五大秘密

1. 虚实交织的魔幻现实主义

- **真实细节**：陶渊明用“晋太元中”“武陵人”“南阳刘子骥”等真实年号和地名，让故事像新闻报道一样可信[1]。
- **魔幻设定**：六百年与世隔绝的村庄、神秘消失的洞口，这些超现实元素又充满奇幻色彩。这种“假作真时真亦假”的手法，比《哈利波特》早了 1500 年！

2. 对理想社会的精准画像

- **经济平等**：没有地主和赋税，所有人自给自足，“往来种作”“黄发垂髫并怡然自乐”[7]。
- **文化停滞**：村民“不知有汉，无论魏晋”，时间在这里凝固，暗示对朝代更迭的厌恶。
- **生态和谐**：良田、美池、桑竹构成可持续的生态系统，比现代环保理念早了千年[5]。

3. 人性弱点的深刻隐喻

- **渔夫的背叛**：他违背承诺带官兵寻找桃花源，象征人类对美好事物的破坏欲。
- **刘子骥的死亡**：隐士无法到达桃花源，暗示理想主义者在现实中的悲剧命运。
- **太守的贪婪**：统治者试图占有桃源，影射权力对理想的侵蚀[3]。

4. 极简主义的文学巅峰

- **320 字讲完史诗**：全文仅 320 字，却涵盖发现、进入、离开、再寻四个阶段，比《老人与海》更精炼[6]。
- **白描大师**：“芳草鲜美，落英缤纷”八个字，勾勒出视觉、嗅觉、动态俱全的画面，被后世画家反复描绘[1]。
- **留白艺术**：结尾“不复得路”“无问津者”，给读者留下无尽想象空间，堪比《盗梦空间》的陀螺。

5. 穿越时空的文化密码

- **原型影响**：沈从文《边城》、汪曾祺《受戒》都借鉴了桃花源的乌托邦构思[2]。
- **现代回响**：2024 年浙江诸暨的“五好两宜”和美乡村建设，将桃花源理念转化为现实实践[5]。
- **全球共鸣**：日本美秀美术馆、韩国武陵桃源面，都在不同文化中演绎桃花源精神[4]。

图 4-107　豆包回答－文章“封神”的五大原因

最后，豆包 AI 给出了一个开放性的选择问答题，“如果我是渔夫，我会......”，这个延展可以让我们更能够发挥自己的独立思考。如图 4-108 所示。

四、延伸思考：如果我是渔夫...

假设你是那个渔夫，面对桃花源的美景，你会选择：

A. 遵守承诺，保守秘密

B. 带家人隐居其中

C. 报告官府换取赏赐

D. 其他________

这个问题没有标准答案，但陶渊明用故事告诉你：真正的桃花源，或许只存在于我们对美好事物的守护与想象中。就像《桃花源记》本身，历经 1600 年，依然是中国人心中最温暖的文化符号。

下次读课文时，试着把自己代入渔夫的视角，你会发现每句话都藏着惊喜——比如“山有小口，仿佛若有光”，那道光不仅照亮山洞，更照亮了人类对理想社会的永恒追寻。

图 4-108　豆包回答－延伸思考

4.1.3.2 桃源新境：豆包 AI 智能续笔陶渊明诗风创作

有意思的实验来了，为了最大化发挥豆包 AI 的能力，我们可以让它以陶渊明的写作手法，创作一个近代题材的内容。如图 4-109 所示。

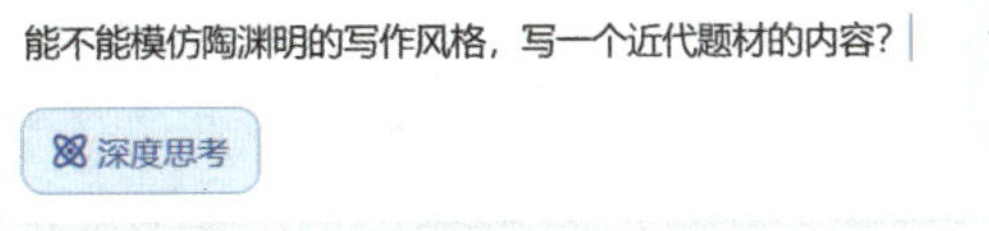

图 4-109 让豆包模仿陶渊明

豆包 AI 洋洋洒洒地写出了《铁轨记》这篇文章，如图 4-110 所示，这篇文章模仿了陶渊明的写作手法。这就是豆包 AI 通过学习，能够举一反三的强大功能体现。

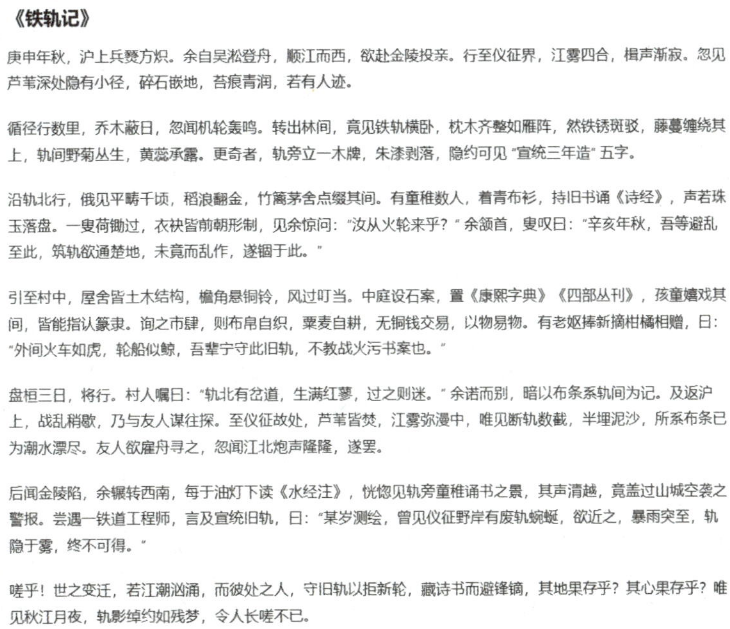

《铁轨记》

庚申年秋，沪上兵燹方炽。余自吴淞登舟，顺江而西，欲赴金陵投亲。行至仪征界，江雾四合，楫声渐寂。忽见芦苇深处隐有小径，碎石嵌地，苔痕青润，若有人迹。

循径行数里，乔木蔽日，忽闻机轮轰鸣。转出林间，竟见铁轨横卧，枕木齐整如雁阵，然铁锈斑驳，藤蔓缠绕其上，轨间野菊丛生，黄蕊承露。更奇者，轨旁立一木牌，朱漆剥落，隐约可见“宣统三年造”五字。

沿轨北行，俄见平畴千顷，稻浪翻金，竹篱茅舍点缀其间。有童稚数人，着青布衫，持旧书诵《诗经》，声若珠玉落盘。一叟荷锄过，衣袂皆前朝形制，见余惊问：“汝从火轮来乎？”余颔首，叟叹曰：“辛亥年秋，吾等避乱至此，筑轨欲通楚地，未竟而乱作，遂锢于此。”

引至村中，屋舍皆土木结构，檐角悬铜铃，风过叮当。中庭设石案，置《康熙字典》《四部丛刊》，孩童嬉戏其间，皆能指认篆隶。询之市肆，则布帛自织，粟麦自耕，无铜钱交易，以物易物。有老妪捧新摘柑橘相赠，曰：“外间火车如虎，轮船似鲸，吾辈宁守此旧轨，不教战火污书案也。”

盘桓三日，将行。村人嘱曰：“轨北有岔道，生满红蓼，过之则迷。”余诺而别，暗以布条系轨间为记。及返沪上，战乱稍歇，乃与友人谋往探。至仪征故处，芦苇皆焚，江雾弥漫中，唯见断轨数截，半埋泥沙，所系布条已为潮水漂尽。友人欲雇舟寻之，忽闻江北炮声隆隆，遂罢。

后闻金陵陷，余辗转西南，每于油灯下读《水经注》，恍惚见轨旁童稚诵书之景，其声清越，竟盖过山城空袭之警报。尝遇一铁道工程师，言及宣统旧轨，曰：“某岁测绘，曾见仪征野岸有废轨蜿蜒，欲近之，暴雨突至，轨隐于雾，终不可得。”

嗟乎！世之变迁，若江潮汹涌，而彼处之人，守旧轨以拒新轮，藏诗书而避锋镝，其地果存乎？其心果存乎？唯见秋江月夜，轨影绰约如残梦，令人长嗟不已。

图 4-110 豆包写出《铁轨记》

为了避免我们看不懂原文内容，豆包 AI 还给出了整个文章的现代文翻译版，如图 4-111 所示。这是一个与《桃花源记》结构和情节相似的故事。

豆包 AI 在最后，给出了《铁轨记》的核心主题，并进行展开分析，如图 4-112 所示。

对该文章的写作也进行了创作解析，总结为三要素，即以小见大的叙事结构、白描中的象征体系、古今交融的语言风格，如图 4-113 所示。

故事背景

时间是 1920 年（庚申年）秋天，当时上海刚经历战乱（"兵燹方炽"），主人公从吴淞乘船沿江往西，想去南京投靠亲戚。行至江苏仪征时，江面突然起了大雾，船停了下来。他发现芦苇丛中有一条隐蔽的小路，路面铺着碎石，长满青苔，看起来像是有人走过的痕迹。

发现"铁轨村"

主人公沿着小路走了几里，穿过茂密的树林，突然听到"机轮轰鸣"的声音（可能是火车或机械声）。走出树林后，眼前出现一条锈迹斑斑的铁轨，铁轨旁的木牌上写着"宣统三年造"（1911 年，清朝最后一年），说明铁轨是清末修建的，但已经废弃，上面缠绕着藤蔓，轨缝里长满了野菊花。

顺着铁轨往北走，出现一片金黄的稻田，稻田边有竹篱茅舍。几个孩子穿着青布衫，捧着旧书朗诵《诗经》，声音清脆好听。一位老人扛着锄头路过，穿着清朝样式的衣服，看到主人公惊讶地问："你是从火轮（轮船）上来的吗？"原来，这些村民是 1911 年辛亥革命时为了躲避战乱来到这里的，原本想修建铁轨通往湖北（"筑轨欲通楚地"），但工程没完成就因战乱搁置，从此被困在这里。

村庄里的生活

老人带主人公进村，房屋都是土木结构，屋檐下挂着铜铃，风吹过叮当作响。院子里的石桌上放着《康熙字典》《四部丛刊》等古籍，孩子们在旁边玩耍，还能辨认篆书、隶书。村里的集市没有铜钱交易，都是以物换物。一位老奶奶送他新摘的柑橘，说："外面的火车像老虎，轮船像鲸鱼（形容工业文明的威胁），我们宁愿守着这条旧铁轨，也不让战火弄脏了书桌。"

离开与寻找无果

主人公住了三天后离开，村民提醒他："铁轨北边有岔道，长满红蓼花，走过去就会迷路。"他偷偷用布条系在铁轨上做标记。回到上海后，战乱稍停，他和朋友想再去找那个村庄，结果到了仪征，发现芦苇被烧毁，只剩下几段埋在泥沙里的断轨，布条也被潮水冲走了。后来听说金陵（南京）沦陷，主人公辗转到西南地区，每当在油灯下读《水经注》时，总会想起村里孩子读书的场景，甚至觉得他们的读书声盖过了山城的空袭警报。他遇到一位铁道工程师，对方说曾在仪征见过废轨，但靠近时突遇暴雨，铁轨消失在雾中，再没找到。

图 4-111　豆包给出现代文翻译版

结尾的思考

作者感叹：时代变迁像汹涌的潮水，而那个村庄的人守着旧铁轨、护着诗书，躲避战乱和工业文明的冲击。他们的地方真的存在吗？他们坚守的初心还在吗？只有秋夜的江月里，铁轨的影子像残梦一样若隐若现，让人长叹不已。

核心主题

这篇文章模仿《桃花源记》的结构（发现奇境→进入观察→离开后再寻不得），用"铁轨"象征近代化进程中的未竟理想和传统文化的坚守。村民避开战乱和工业文明的冲击，选择守护旧有的生活方式和典籍，反映了作者对"在动荡时代如何保存精神净土"的思考，就像陶渊明的"桃花源"一样，这里的"铁轨村"也是一个充满理想色彩的乌托邦，表达了对宁静、纯粹生活的向往，以及对现实动荡的无奈。

图 4-112　豆包给出核心主题

创作解析（仿陶翁笔法三要素）：

1. **以小见大的叙事结构**
   沿用"发现奇境→进入观察→被迫离开→再寻不得"的框架，将陶渊明的"渔舟"替换为"铁轨"，以近代工业文明的符号（铁轨、火轮、怀表）构建时空错位的乌托邦，暗合陶文"虚实相生"的笔法。如"宣统三年造"木牌、"《康熙字典》"等细节，既坐实历史背景，又通过"铁轨生锈""藤蔓缠绕"暗示理想与现实的割裂。
2. **白描中的象征体系**
   - **铁轨**：象征近代化进程中的未竟理想，轨间野菊、缠绕藤蔓赋予其诗意化的衰败美，类似陶文"落英缤纷"的意象建构。

- **童稚诵《诗经》**：对应"黄发垂髫并怡然自乐"，以传统文化的坚守对抗战火，比桃源人"不知魏晋"更具主动选择的意味。
- **断轨半埋泥沙**：结尾呼应"不复得路"，但将陶文的"神秘消失"转化为战乱破坏，增强现实批判力度。

3. **古今交融的语言风格**

   采用浅近文言，杂以近代词汇（"兵燹""火轮""空袭"），模仿陶文"简洁而有余味"的特点。如"声若珠玉落盘""轨影绰约如残梦"，既保留古文中的比喻传统，又通过"火轮似鲸"等新喻体，构建近代语境下的理想国想象。结尾"其地果存乎？其心果存乎？"的追问，延续陶翁对理想社会终极价值的思考。

主题延伸：当乌托邦遇上近代化

陶渊明的桃花源是农耕文明的"避秦"，本文的铁轨村则是传统文化在工业文明冲击下的"避乱"。村民选择停留在"宣统三年"的时间节点，守护旧轨与典籍，实则是对"既要枪炮又要诗书"的近代困境的隐喻 —— 正如陶文批判魏晋战乱，本文借"火车如虎，轮船似鲸"暗讽近代化进程中的暴力与异化，而"空袭警报盖不过读书声"，则是对陶渊明"精神桃源"的现代性重构：真正的乌托邦，或许不在地理隔绝，而在人心对美好价值的坚守。

图 4-113　豆包给出创作解析

4.1.3.3　AI 生图情景再现——桃花源记

桃花源到底是什么样的呢？也许豆包 AI 可以帮助我们还原这个理想世界，如图 4-114 所示。让我们一起来使用豆包 AI 的图像生成功能。

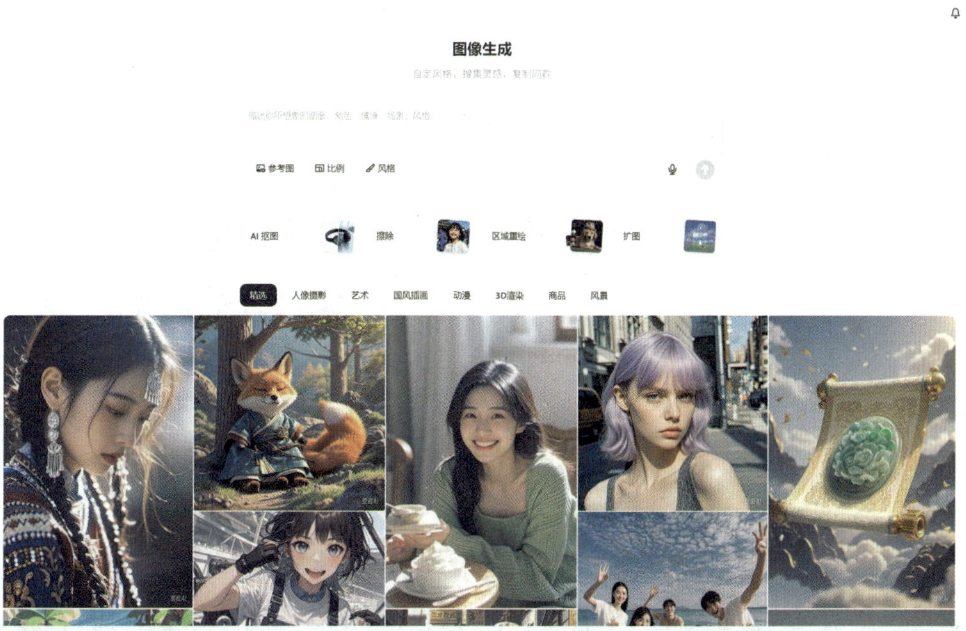

图 4-114　图像生成页面

我们可以先来看看使用豆包 AI 生成的国风插画类型的图片，如图 4-115 所示。包含了水墨画、工笔画、现代插画等不同的风格。

图 4-115　国风插画

如果把鼠标悬浮在一个作品之上，就会出现这个作品的描述词，以及一个“做同款”按钮，如图 4-116 所示。我们只需要点击这个按钮，就可以使用同款描述词，生成类似效果的图片，非常方便。

此时，对话框中已经填充了完整的提示词，只需要点击发送，就可以生成图像了，如图 4-117 所示。

图 4-116　“做同款”按钮

图 4-117　自动填充完整提示词

等待一小段时间，豆包 AI 会生成 4 个备选方案，如图 4-118 所示。

帮我生成图片：图片风格为「油墨印刷」，中国风，一个人站在船头，极简，大量留白的构图，比例「4:3」

图 4-118　生成 4 个备选方案

让我们一起来欣赏这个油墨印刷效果的中国风插画，古韵氛围十足，如图4-119所示。

图 4-119　图像效果

如果想要生成桃花源的景色，就需要自己输入对桃花源的描述词，如图 4-120 所示。描述越具体，效果也就越明显。如果描述不够，豆包 AI 会发挥自己的想象力生成图像。所以描述多与少，都能生成漂亮的图像，只不过有一些可能是满足我们需求的，有一些不满足需求。

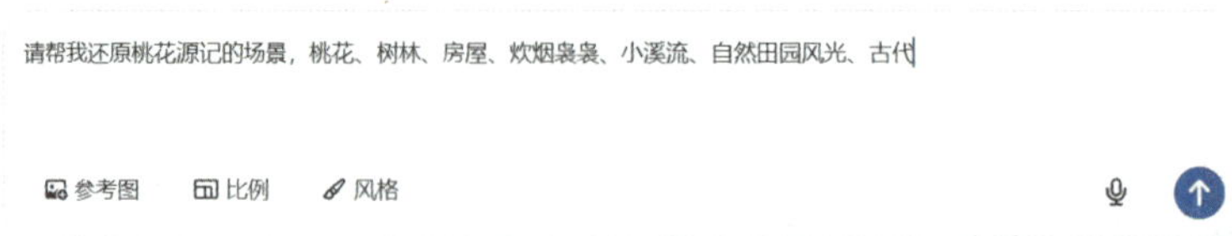

图 4-120　输入提示词

点击下方的“风格”按钮，选中“中国风”，就可以发送消息给豆包 AI 了，如图 4-121 所示。

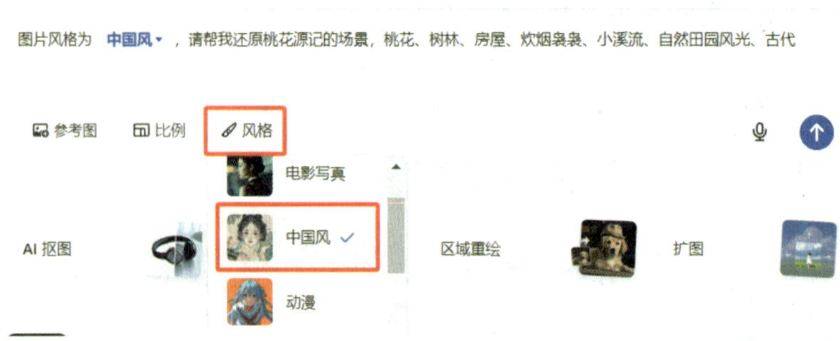

图 4-121　选择“中国风”

豆包 AI 生成了 4 张风格类似的备选方案，如图 4-122 所示。

图 4-122　生成了 4 张图像

下面我们来欣赏一下豆包 AI 理解的桃花源里的风景，如图 4-123 所示，和你自己脑海中想象的有差别吗？

同样的描述词我们可以让豆包 AI 生成不一样风格的图片，比如我们切换到“动漫”风格，如图 4-124 所示。

豆包 AI 生成了动漫风格的桃花源，如图 4-125 所示。同样的道理，让我们大开脑洞，生成不同风格的桃花源，这些不同风格的图片，你最喜欢哪一种呢？

图 4-123　图像效果

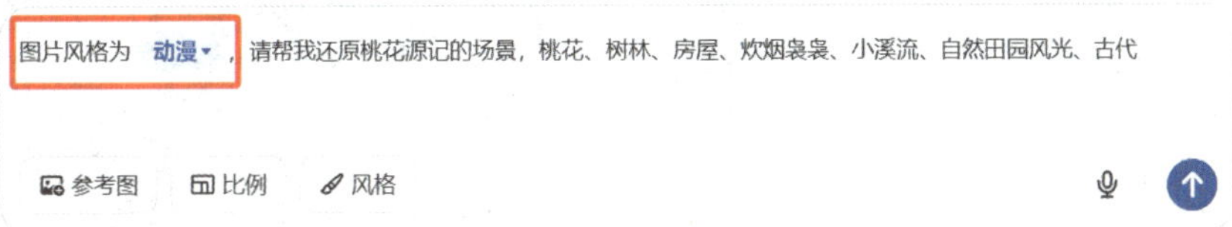

图 4-124　切换到“动漫”风格

（a）动漫

（b）电影写真

图 4-125

（c）3D 渲染

（d）水墨画

（e）平面插画

（f）水彩画

图 4-125 绘画风格

4.2 数学强化：AI助你破解难题

4.2.1 计算题

接下来，让我们探索一下豆包的数学教学能力，如图 4-126 所示。下面是中考数学的计算题，我们让豆包解答其中的第三题。

在“拍照”页面中，对目标题目进行拍摄，如图 4-127 所示。

拍摄完成后，系统会锁定画面中央的题目，如图 4-128 所示。

2．（2024·长沙）我国近年来大力推进国家教育数字化战略行动，截至 2024 年 6 月上旬，上线慕课数量超过 7.8 万门，学习人次达 1290000000，建设和应用规模居世界第一.用科学记数法将数据 1290000000 表示为（　　）

A．1.29×10^{8}　　B．12.9×10^{8}　　C．1.29×10^{9}　　D．129×10^{7}

3．（2024·长沙）“玉兔号”是我国首辆月球车，它和着陆器共同组成“嫦娥三号”探测器.“玉兔号”月球车能够耐受月球表面的最低温度是-180℃、最高温度是 150℃，则它能够耐受的温差是（　　）

A．$-180^{\circ}C$　　B．$150^{\circ}C$　　C．$30^{\circ}C$　　D．$330^{\circ}C$

4．（2024·长沙）下列计算正确的是（　　）

A．$x^{6}\div x^{4}=x^{2}$　　B．$\sqrt{5}+\sqrt{6}=\sqrt{11}$

C．$(x^{3})^{2}=x^{5}$　　D．$(x+y)^{2}=x^{2}+y^{2}$

5．（2024·长沙）为庆祝五四青年节，某学校举办班级合唱比赛，甲班演唱后七位评委给出的分数为：9.5，9.2，9.6，9.4，9.5，8.8，9.4，则这组数据的中位数是（　　）

A．9.2　　B．9.4　　C．9.5　　D．9.6

图 4-126　数学题

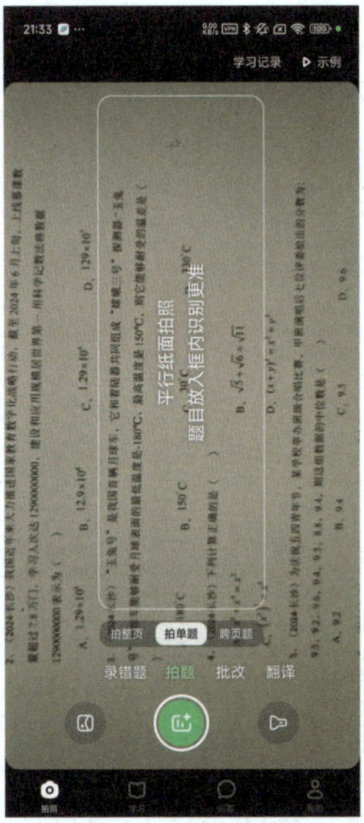

图 4-127　拍题

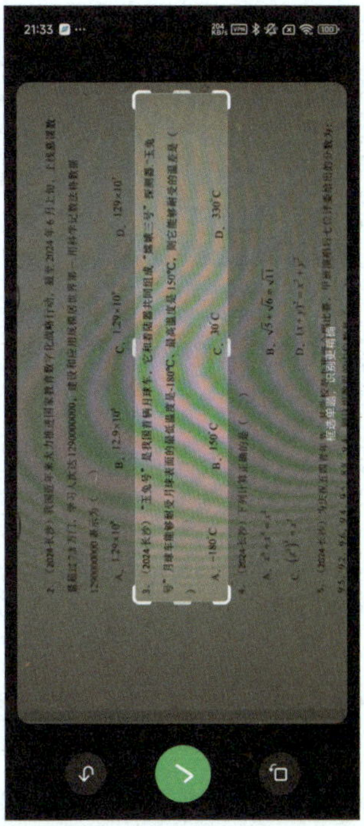

图 4-128　系统锁定题目

稍等片刻，豆包会将试卷中的题目识别出来，并且迅速给出答案和解析，如图 4-129 所示。不过需要提醒大家，能直接看到答案与解析的情况，是需要在“家长模式”下才能启动的。家长模式需要填写家长信息，并且家长本人需要同意才能生效。

在“我的”页面中，找到“设置”按钮，点击可以看到“家长模式”，如图 4-130 所示。

点击“家长模式”可以进行切换，如图 4-131 所示。

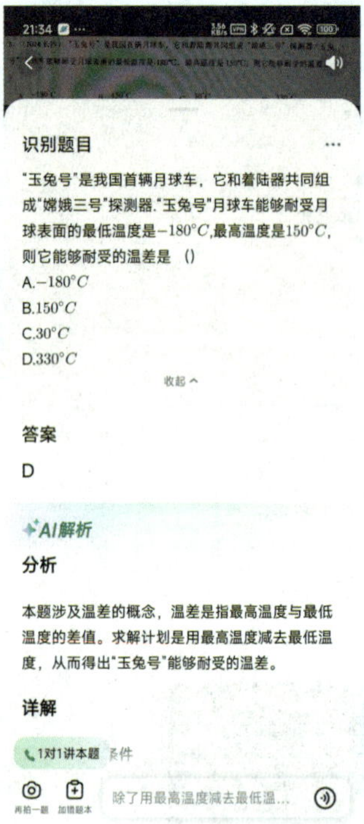

图 4-129　识别题目并给出解析

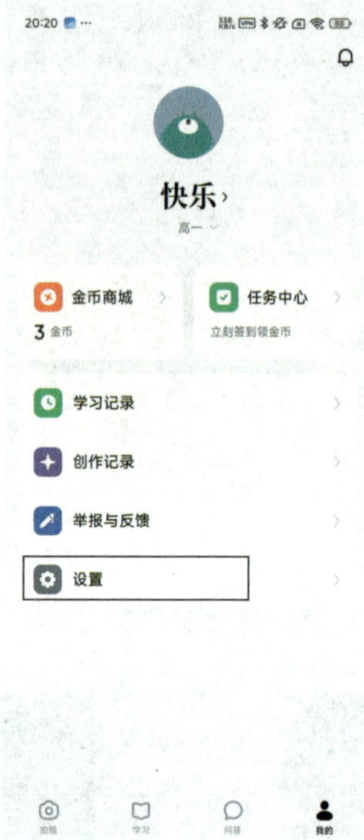

图 4-130　“我的”页面找到“设置”按钮

图 4-131　“家长模式”按钮

家长模式与学生模式有不同的权限，主要区别是能否查看题目的答案与解析，如图 4-132 所示。

若要切换到家长模式，需要家长本人提供真实信息，如图 4-133 所示。

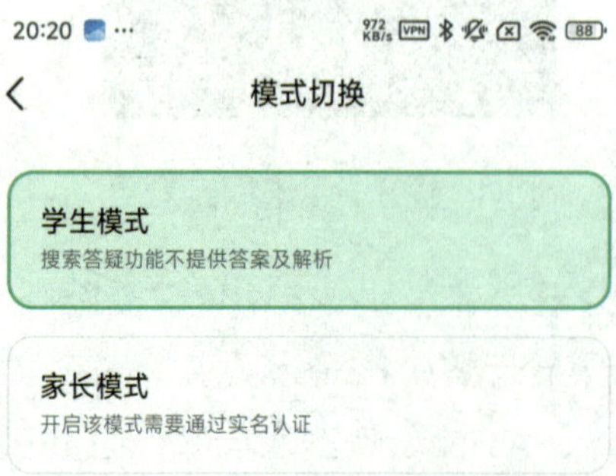

图 4-132　家长模式和学生模式切换

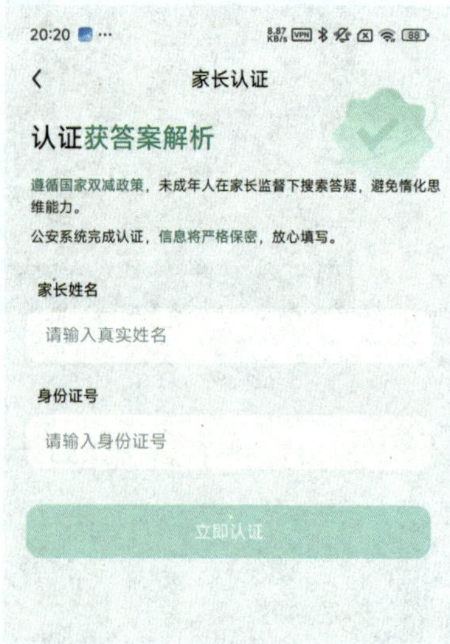

图 4-133　家长认证

接下来，我们继续来看看刚刚豆包分析的这道计算题，如图 4-134 所示。豆包首先梳理了本题温差的概念，然后详细解答本题。

最后的部分是豆包的“1 对 1 讲本题”功能，如图 4-135 所示，同时给出了更多相关的问题。

点击气泡中的任意问题，豆包都可以立刻回答，如图 4-136 所示。我们也可以手动输入问题发送给豆包，本质上这就是在跟豆包进行对话交流。

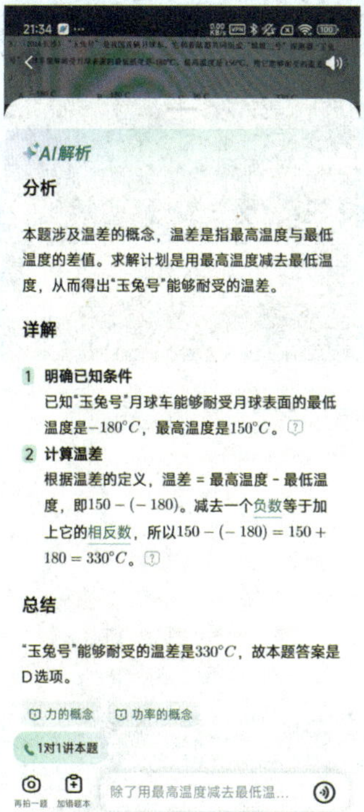

图 4-134　AI 解析

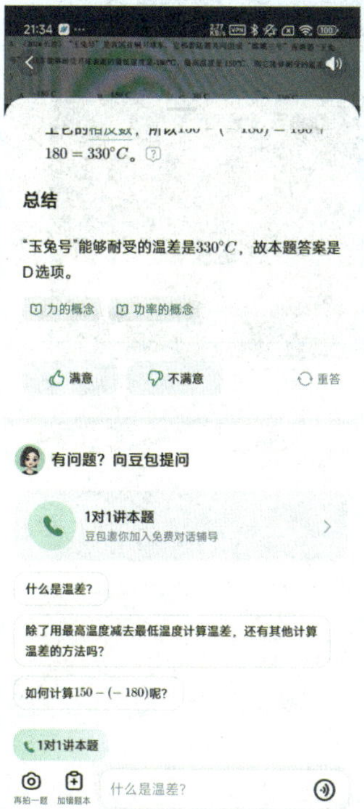

图 4-135　1 对 1 讲本题

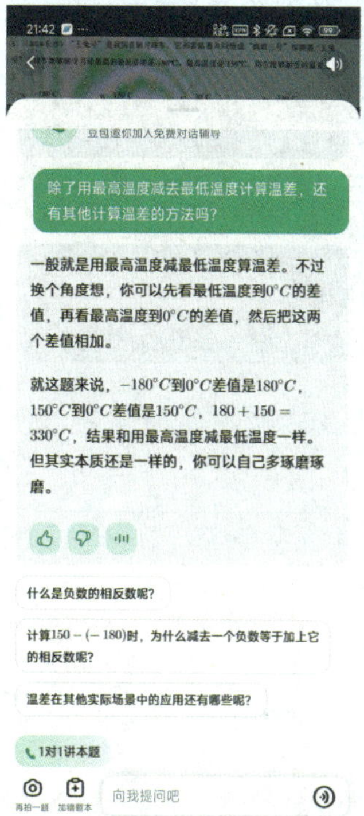

图 4-136　豆包回答任意问题

我们来看看“豆包老师”1 对 1 辅导的功能，在这个模式下，豆包会像老师一样，详细讲解本题的解题思路，如图 4-137 所示，在这个过程中需要我们回答相应的问题。

我们需要回答豆包的问题才能进入下一个步骤，如图 4-138 所示。

回答完成后，豆包老师会继续讲解剩下的部分，如图 4-139 所示。

如果这一道题非常重要，我们可以将它添加到“错题本”中，如图 4-140 所示。

错题本中的题目会永久保存，方便随时查看。并且，豆包会根据不同的学科将错题分门别类，如图 4-141 所示。

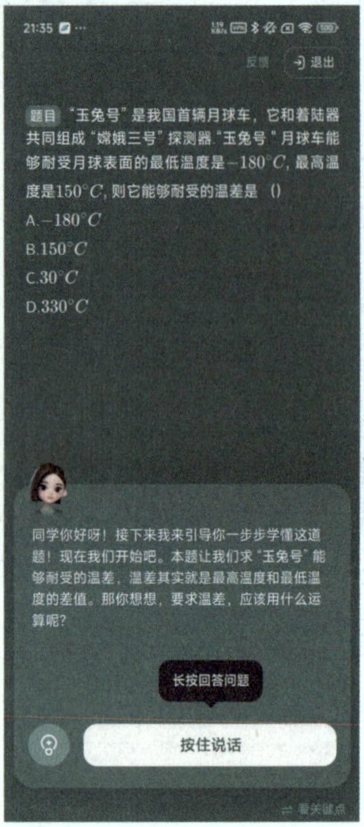

图 4-137　1 对 1 辅导功能

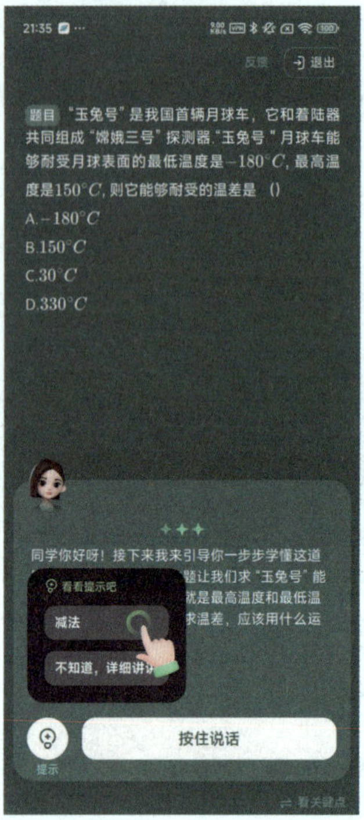

图 4-138　回答豆包问题

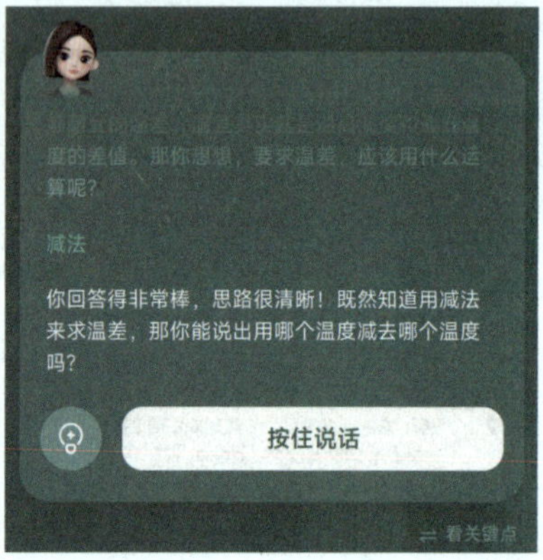

图 4-139　豆包继续讲解

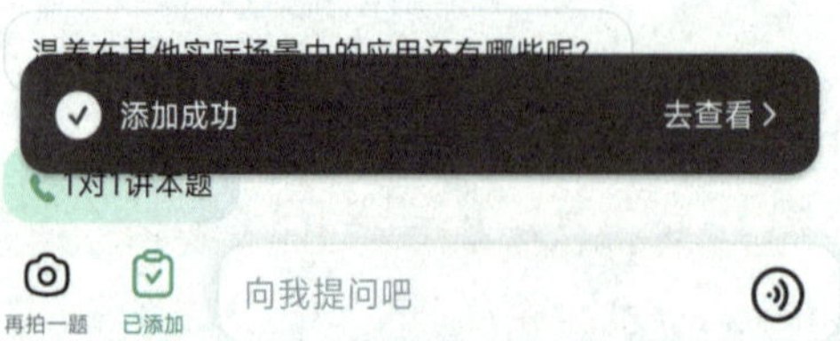

图 4-140　添加到错题本

图 4-141　错题本

4.2.2 几何题

刚才的计算题是纯文字数学题目，接下来，我们来试试带有图形的几何题，同样地，首先拍摄一道几何题目。如图 4-142 所示。

等待系统锁定目标题目，点击下方的绿色按钮即可完成识别，如图 4-143 所示。

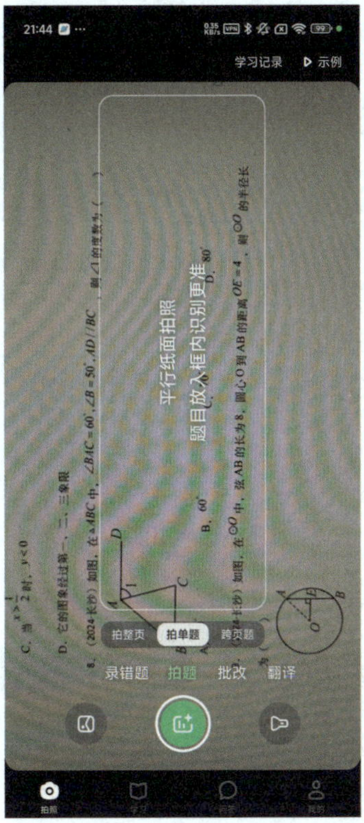

图 4-142　拍摄几何题

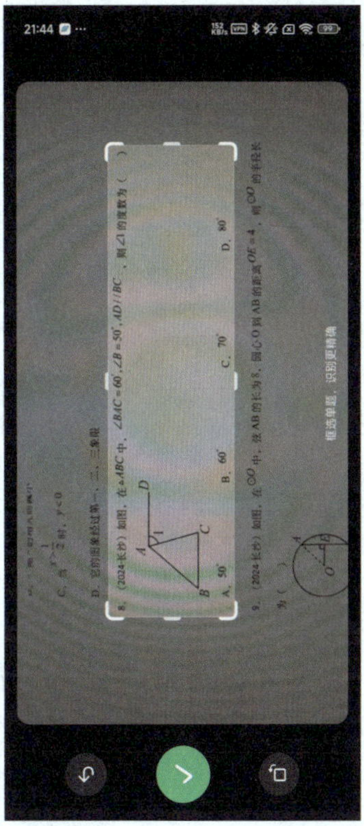

图 4-143　识别题目

豆包马上根据识别结果给出答案和解析，如图 4-144 所示。

在解析之中，我们看到豆包重新绘制了这道题的图形，并且加入了彩色的角度标注，第一步求解∠ C 的度数，如图 4-145 所示。

第二步求∠ 1 的度数，如图 4-146 所示。

在回答的末尾，豆包推荐了两个知识点，供我们复习巩固：三角形的内角和定理、平行线的性质，如图 4-147 所示。点击任意一个标签，即可跳转到“知识百科”。

在“知识百科”中，不仅有知识简介，还配有典型例题，如图 4-148 所示。

再来看看“三角形的内角和定理”这个知识点。同样分为三个部分：简介、注意、典型例题，如图 4-149 所示。

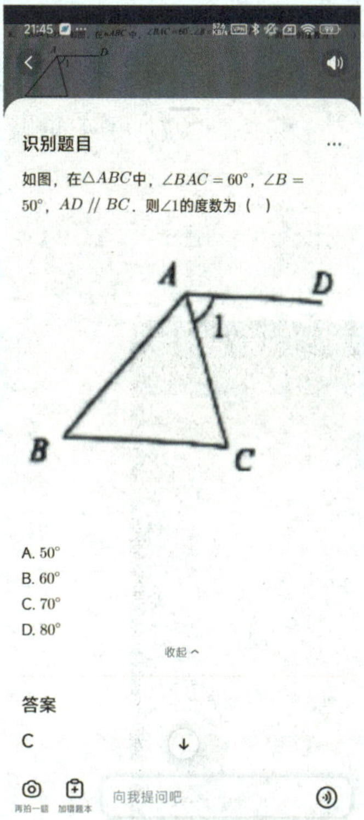

图 4-144　给出答案和解析

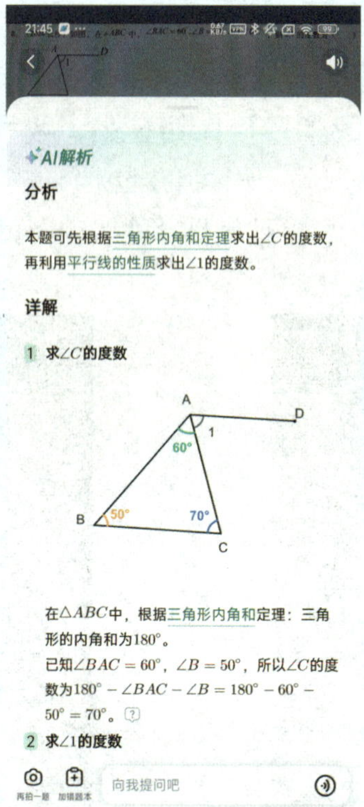

图 4-145　AI 解析 − 求∠C 的度数

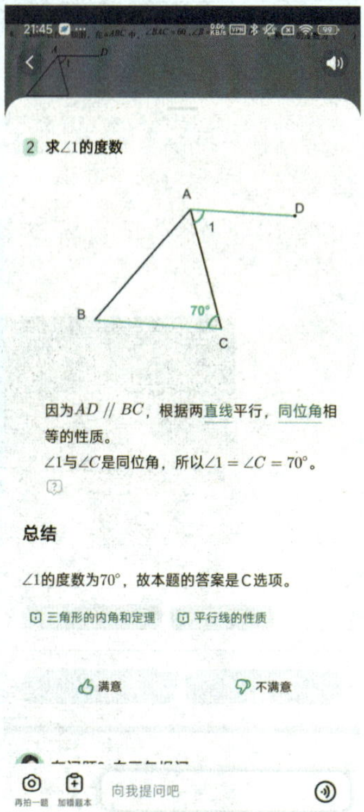

图 4-146　AI 解析 − 求∠1 的度数

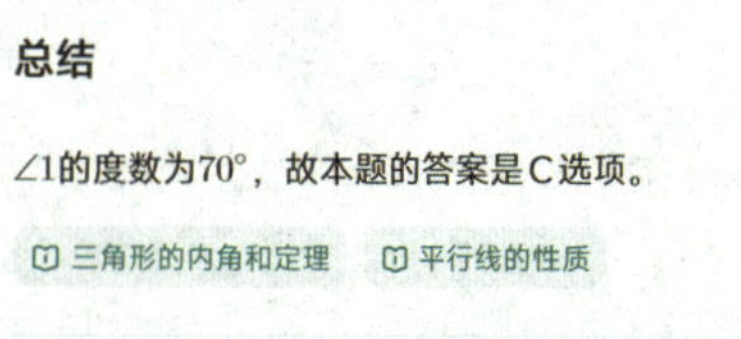

图 4-147　豆包推荐知识点

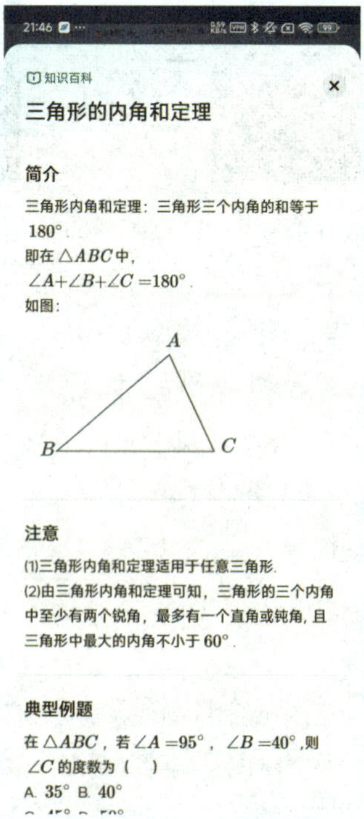

图 4-148　知识百科（1）

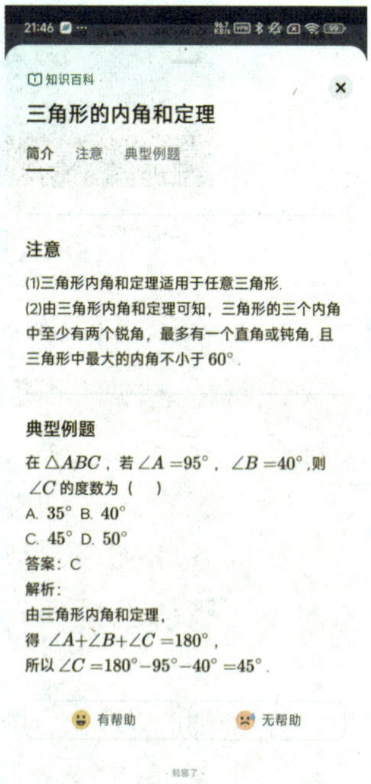

图 4-149　知识百科（2）

4.2.3 综合应用题

尝试了计算题和几何题以后，我们再来试试更有难度的综合应用大题，这个题目分为两个问题，先让豆包识别该题目。如图 4-150 所示。

中考数学应用题

题目：

某文具店计划购进一批笔记本进行销售。已知每本笔记本的进价为 8 元，原计划按每本 12 元的价格出售，每天可售出 100 本。经市场调查发现：若每本笔记本的售价每降价 1 元，每天可多售出 20 本；若每本售价每上涨 1 元，每天的销量则减少 10 本。设每本笔记本的售价为 x 元（x 为整数，且 $x \geq 8$）。

(1) 当售价 x 大于 12 元时，求每天的销售利润 y（元）与售价 x（元）之间的函数关系式；

(2) 当售价定为多少元时，每天的销售利润最大？最大利润是多少？

图 4-150　综合应用题

豆包准确无误地识别了该题目，如图 4-151 所示。

在分析部分中，豆包提出了解答本题的关键要素：二次函数求最值，如图 4-152 所示。

豆包首先解答了第一个问题，给出了 x 与 y 之间的关系式，如图 4-153 所示。

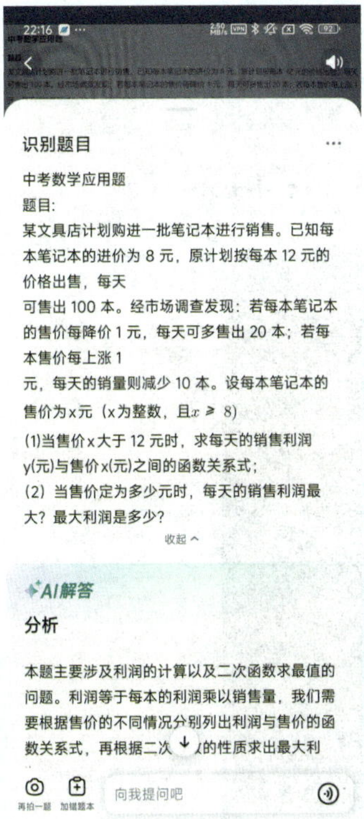

图 4-151　识别题目

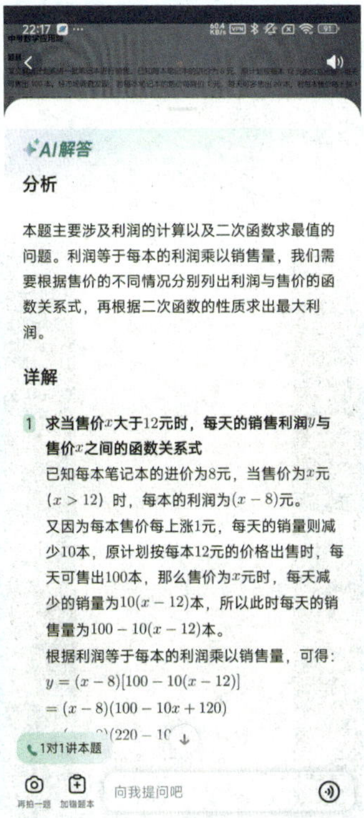

图 4-152　AI 解答（1）

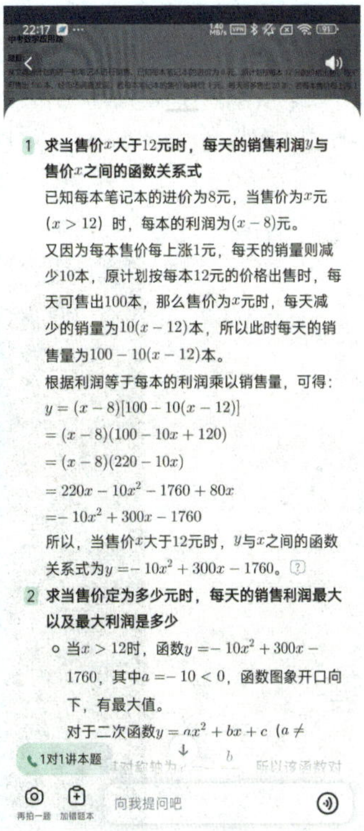

图 4-153　AI 解答（2）

然后开始解答第二个问题，求最大利润，这个问题相对复杂一些，所以给出的步骤也更多。如图 4-154 所示。

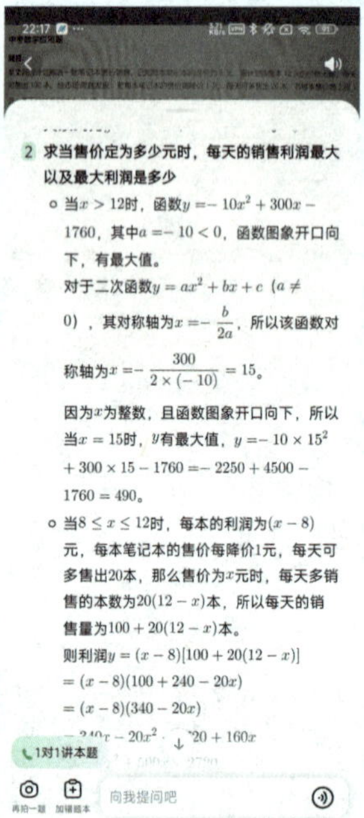

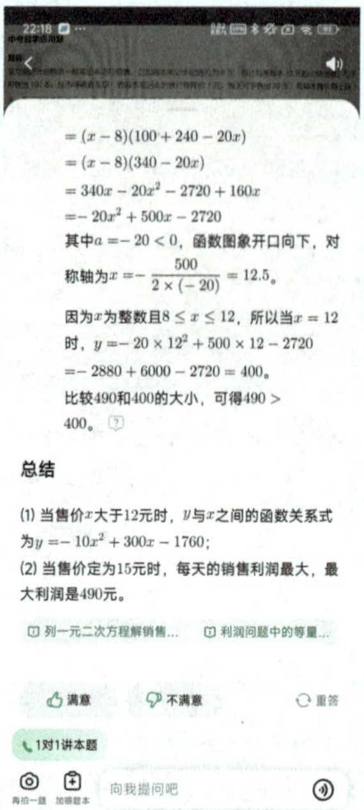

图 4-154　AI 解答（3）

本题同样提供了 1 对 1 讲解。在这个模式下，可以更沉浸地与豆包互动，学习本题的知识要点，如图 4-155 所示。

逐一回答豆包提出的问题，就能完成这道题的学习，如图 4-156 所示。

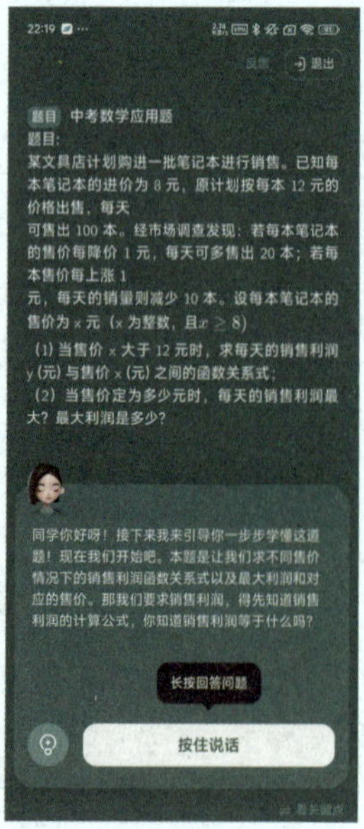

图 4-155　1 对 1 讲解（1）

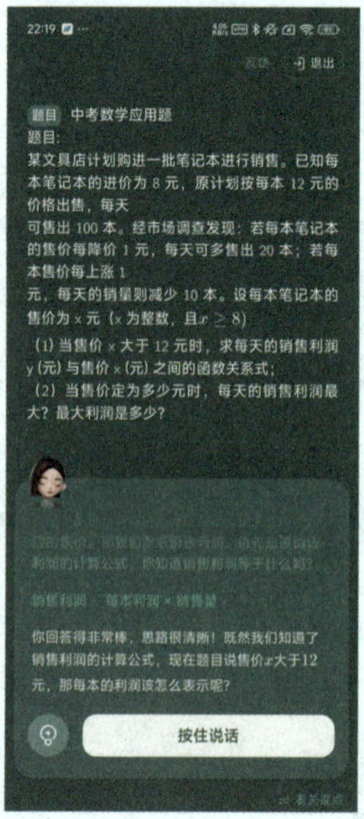

图 4-156　1 对 1 讲解（2）

4.3 英语升级：AI 让英语更 easy

4.3.1 口语练习：自信开口说英语

之前我们就知道，可以和豆包 AI 对话。事实上，豆包 AI 是一个语言学家，它精通多种语言，尤其是中文和英文。我们可以和它用英语对话，如果不会英文，也可以说中文，豆包 AI 都能理解到位，并且教我们如何正确说好英语。

我们先用豆包 AI 来尝试一下口语练习，先来问问豆包关于口语练习的一些建议。如图 4-157 所示。

然后，我们可以和它“打电话”，这个模式我们之前介绍过，是一种非常高效、沉浸的沟通方式，可以直接跟豆包用英语聊天。如图 4-158 所示。

点击上方的“情景模式”按钮，选择“英语陪练”模式，如图 4-159 所示。

图 4-157 口语练习

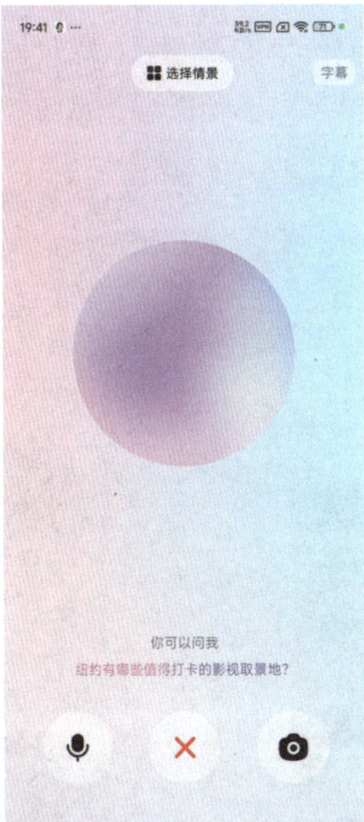

图 4-158 对话模式

图 4-159 选择场景

此时，豆包 AI 就进入了英语陪练的状态，如图 4-160 所示。

我们也可以边聊边看字幕，难度会下降一些，如图 4-161 所示。

如果英语出现卡壳的情况，可以一半英语一半中文地混合聊天，豆包也能理解我们的意思，以此提升我们的英语水平。如图 4-162 所示。

图 4-160　英语陪练

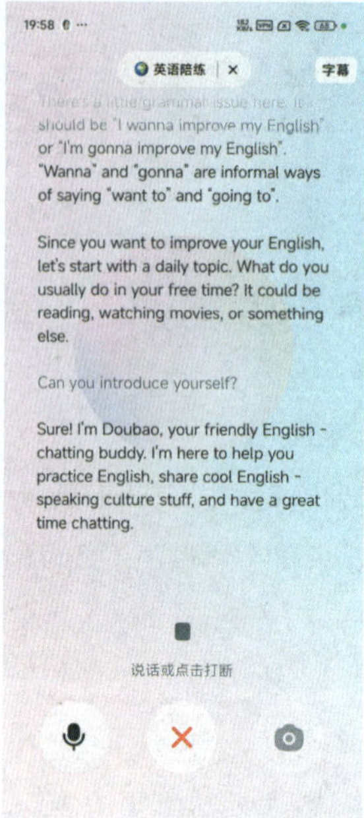

图 4-161　显示字幕

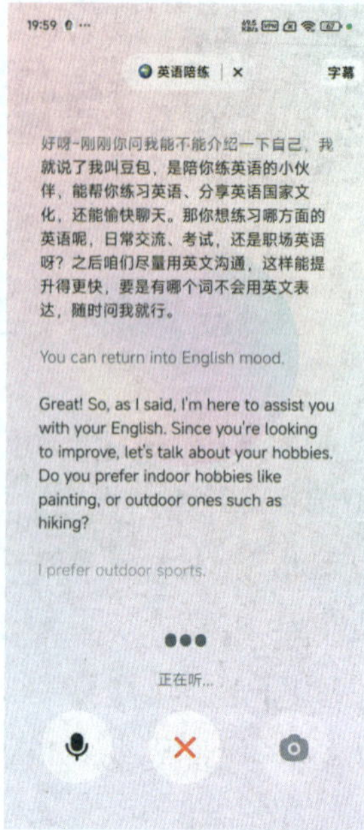

图 4-162　混合聊天

聊天记录会保留在对话框中，如图 4-163 所示。豆包 AI 虽然功能强大，但是它并不一定针对我们中学生的英语水平。

4.3.1.1　豆包爱学 APP 口语练习

首先在“学习”选项卡中，点击“口语练习”按钮，就可以开始练习口语，如图 4-164 所示。

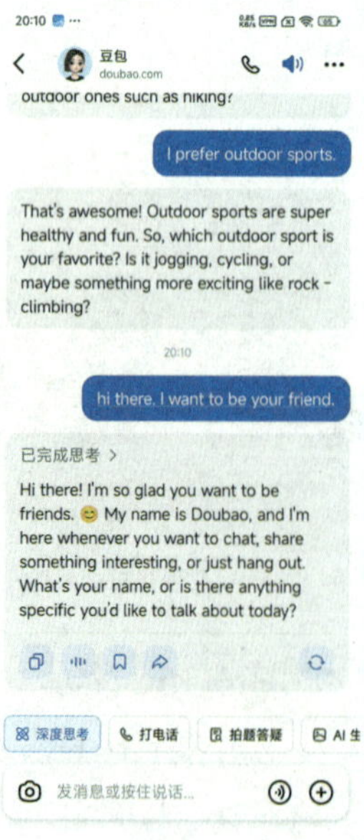

图 4-163　聊天记录

图 4-164　豆包爱学口语练习

也可以在“问答”选项卡中，点击“练口语”标签，进入口语练习模式，如图 4-165 所示。

图 4-165　口语练习模式

不论哪种方式，最终都会进入“练口语”模式，口语有两个练习方向，一个是基础的发音练习，另一个是情景对话，如图 4-166 所示。我们先来使用基础的发音练习。

4.3.1.2　发音练习

练习发音之前，豆包会进行开场热身，问我们准备好了没有，选择“准备好了”就可以开始练习发音了。如图 4-167 所示。

练习的时候，可以随时调整难度、切换话题。默认是简单模式，豆包提供了困难模式，如图 4-168 所示。如果有兴趣，可以挑战一下困难模式。

我们在和豆包进行口语练习的时候，可以随时结束练习，不需要有心理负担，如图 4-169 所示。

退出之前，豆包会再次提醒，如图 4-170 所示。

4.3.1.3　情景对话

了解完发音练习以后，接下来我们学习情景对话的使用方法，豆包提供了若干话题可供选择，只需要点击即可。如图 4-171 所示。

我们选择一个比较轻松简单的话题，关于家乡，如图 4-172 所示。在开始对

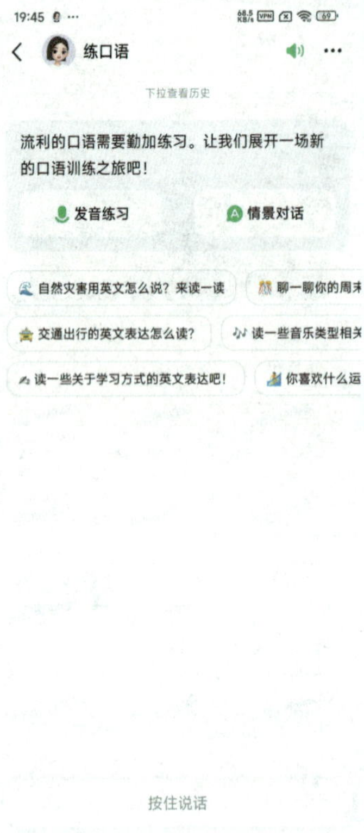

图 4-166　练口语

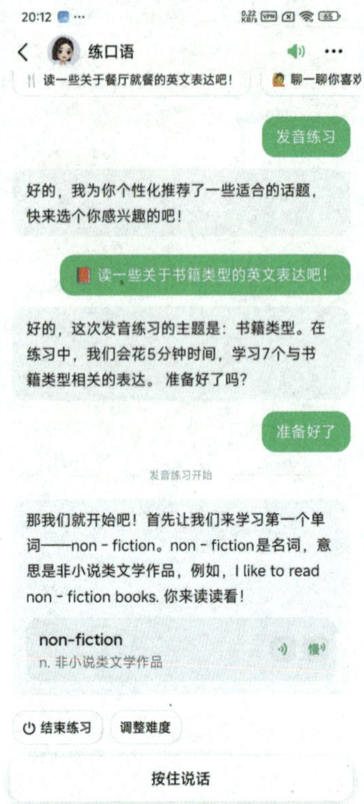

图 4-167　发音练习

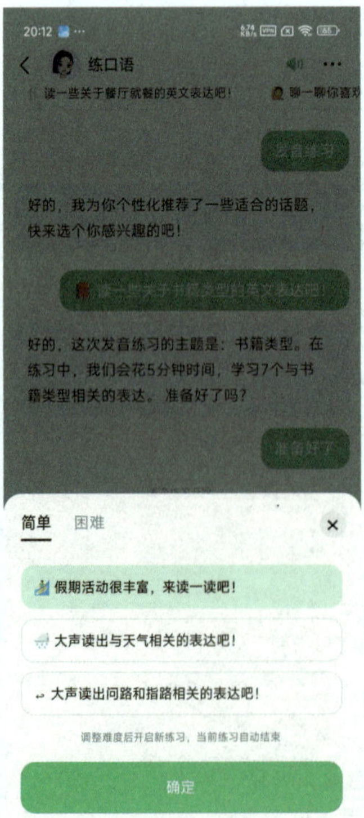

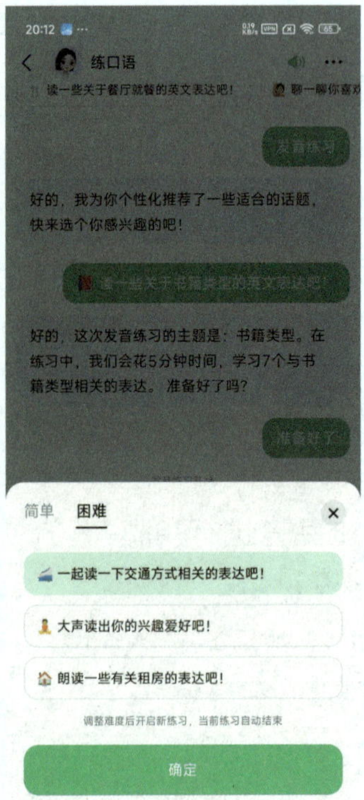

图 4-168　难度

图 4-169　随时开始与结束

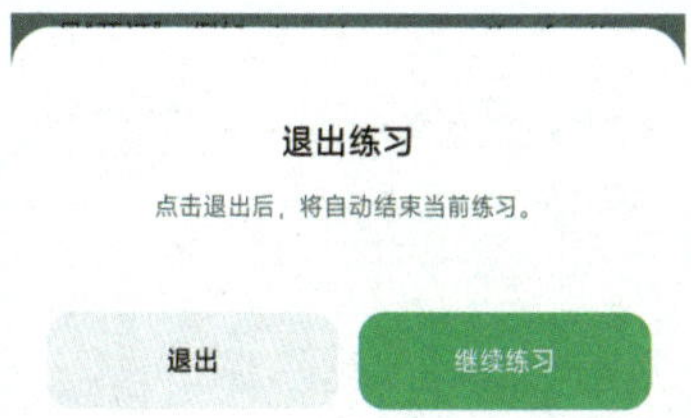

图 4-170　退出练习

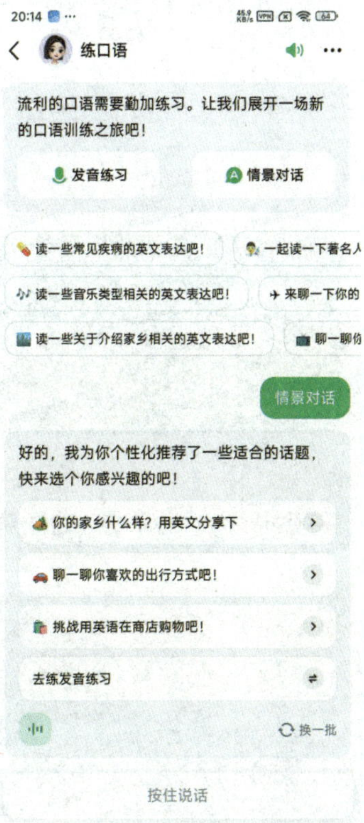

图 4-171　情景对话

图 4-172　课前预习

话之前，豆包先给出了高中生可以掌握的一些与家乡相关的词汇，请大家先花一段时间记这些重点词汇和句式，完成后就点击下方的“准备好了”按钮。

豆包开始跟我们产生英文对话。我们能够看到对话气泡里的内容，如图4-173所示。

内容可以被反复收听、慢速朗读，也可以随时翻译成中文，如图4-174所示。

回答的时候如果不知道说些什么，也不用慌，点击“提示”按钮，豆包会贴心地给出中英文双语提示。如图4-175所示。

图4-173 “准备好了”

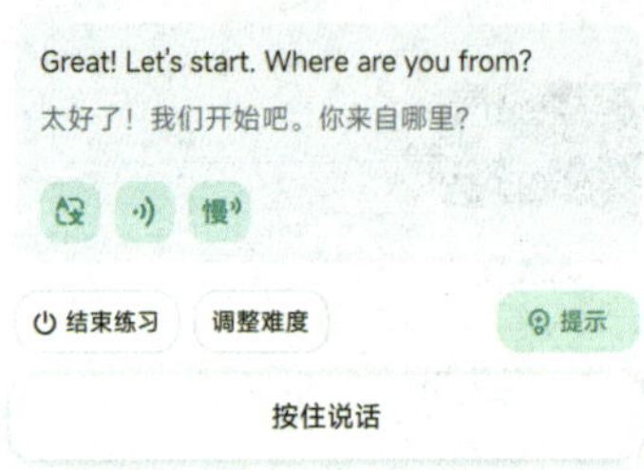

图4-174 翻译

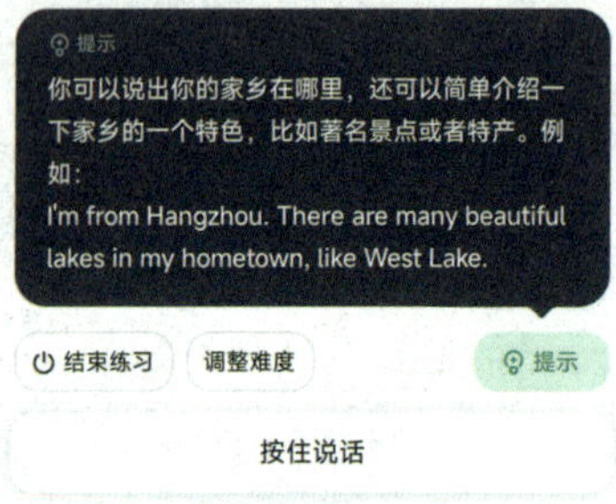

图4-175 提示

我们按照它给出的提示回答，豆包会根据我们的语音语调和语法给出分数，并继续围绕话题对话。如图4-176所示。

接下来，我们可以继续跟它进行对话。口语不一定严格遵循语法，最重要的是敢于说出来，如图4-177所示。

图4-176 评分（1）

图4-177 评分（2）

在高中的难度下，一轮对话结束得会比较早，如图4-178所示。结束以后，可以继续选择新的对话。

如果之前的对话不够吸引人，也可以换一批对话练习，如图 4-179 所示。

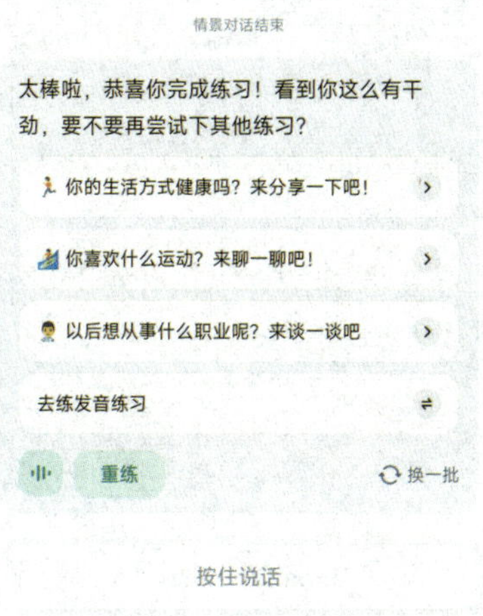

图 4-178　继续对话

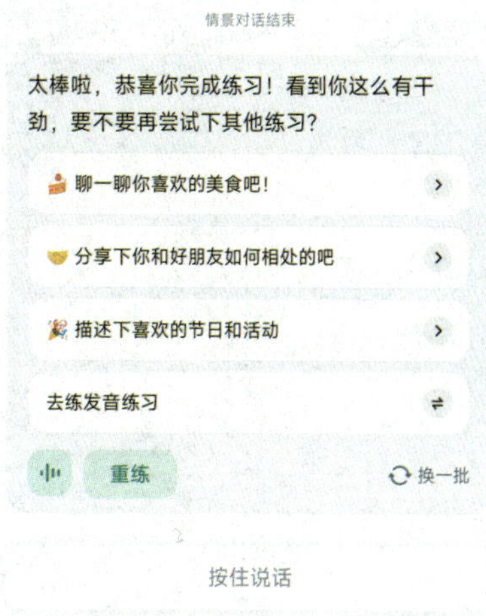

图 4-179　换一批对话

点击对话气泡，就可以开始新的对话啦！如图 4-180 所示。

4.3.2　英语写作

豆包爱学还可以成为我们的英语写作老师，在“学习”选项卡中，选择“英语作文”选项。如图 4-181 所示。

进入英语写作的页面。首先需要输入“作文要求”，如图 4-182 所示。

图 4-180　新的对话

图 4-181　英语作文（1）

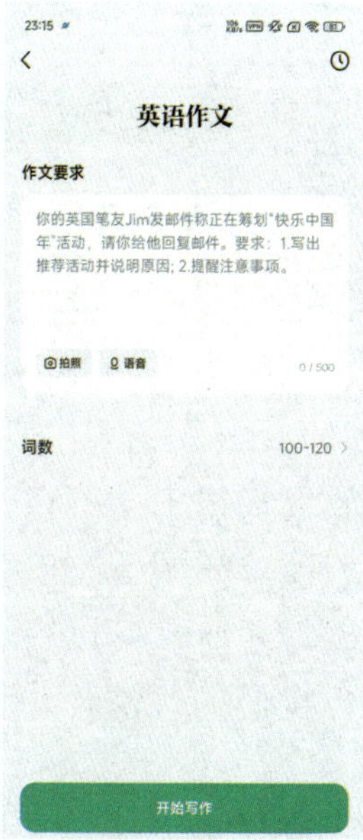

图 4-182　英语作文（2）

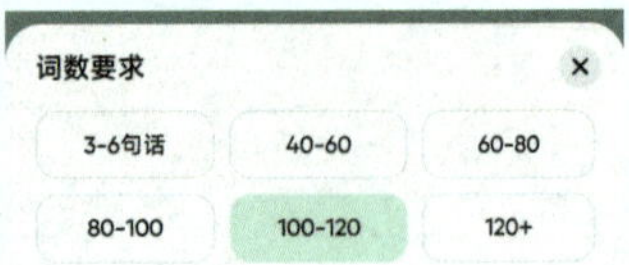

图 4-183　词数

默认是 100 ～ 120 个词之间，可以根据作文要求手动修改词数，比如 3 ～ 6 句话，又或者 120 个词以上。如图 4-183 所示。

下面我们输入一个作文的题目，点击下方的“开始写作”按钮，让豆包给我们写一篇范文，如图 4-184 所示。

豆包很快就写出了一篇符合高一学生水平的英语作文，如图 4-185 所示。我们不仅可以阅读全文，还可以让豆包朗读全文，或者修改内容。

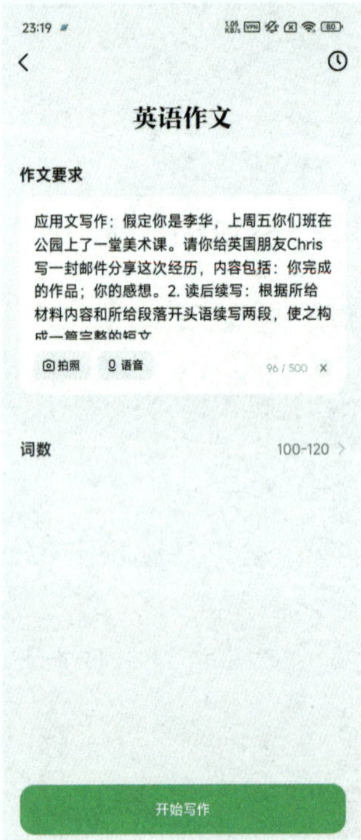

图 4-184　作文要求

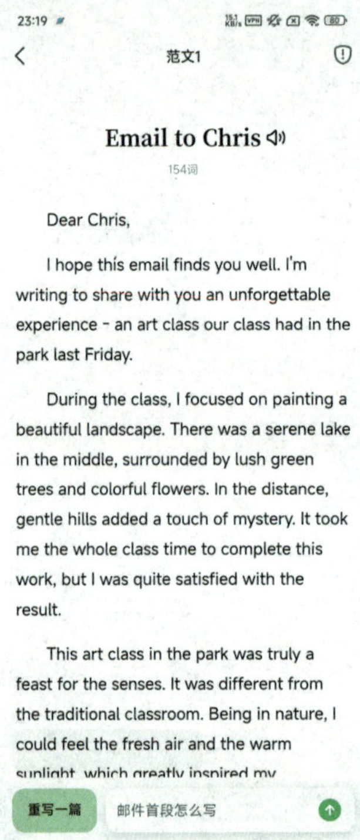

图 4-185　AI 朗读全文

文章的末尾提供翻译、复制本文按钮，如图 4-186 所示。

豆包的翻译功能也是做得很贴心，翻译的语句很符合中文语法，如图 4-187 所示。

如果觉得本文不错，可以在文末打分，也可以点击左下角的按钮，要求豆包重写一篇，如图 4-188 所示。

重写之前，可以写上一些重写的要求，补充的要求越多，重写出来的内容就越符合我们的想法，也可以不补充要求，直接让豆包开始随机重写。如图 4-189 所示。

我们试着让豆包增加一些高考的重点词汇，再点击“提交”按钮，如图 4-190 所示。

图 4-186　翻译全文

图 4-187　人性化的翻译

图 4-188　评分反馈

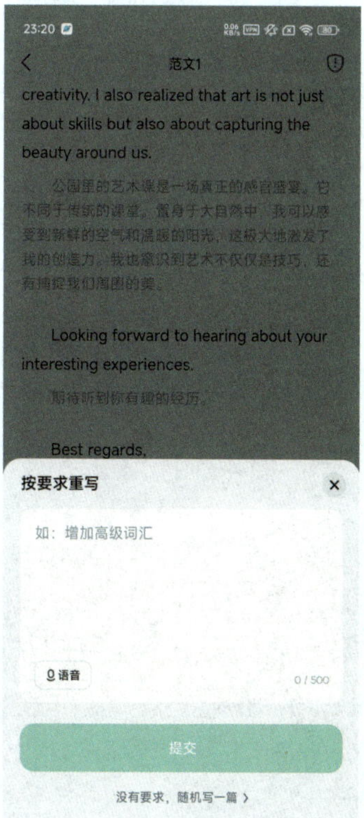

图 4-189　按要求重写

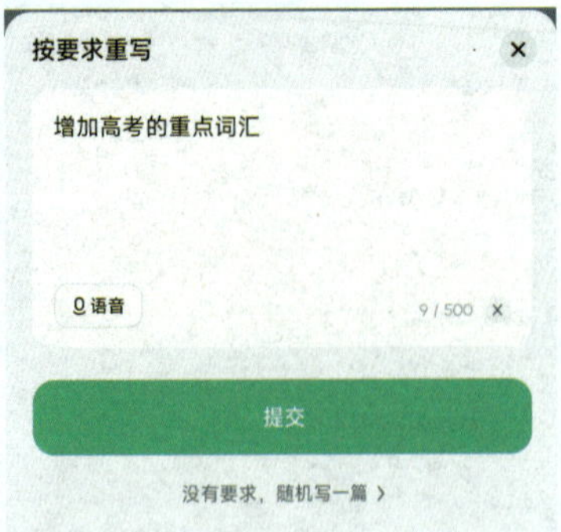

图 4-190　输入要求

豆包很快就给我们写出了一篇新的范文，如图 4-191 所示。

在顶部可以切换不同的范文，当前阅读的是“范文 2”，点击右下角的文本对话框，可以围绕本文继续与豆包产生对话。如图 4-192 所示。

这个界面就和豆包 APP 差不多了，用法也是类似的，在顶部，可以点击“作文要求”这个按钮，查看之前我们手动添加的这篇作文的题目。如图 4-193 所示。

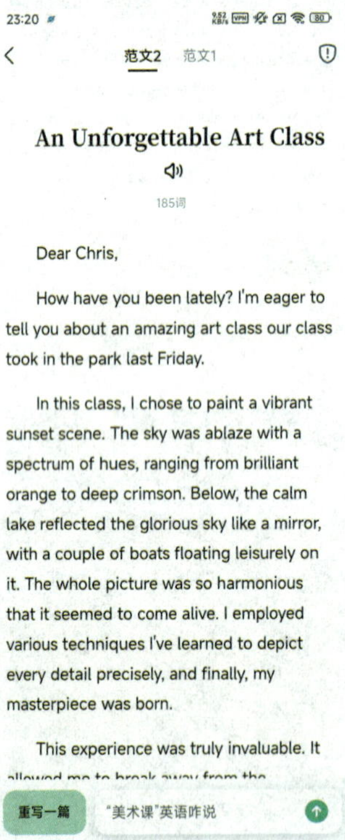

图 4-191　重写范文

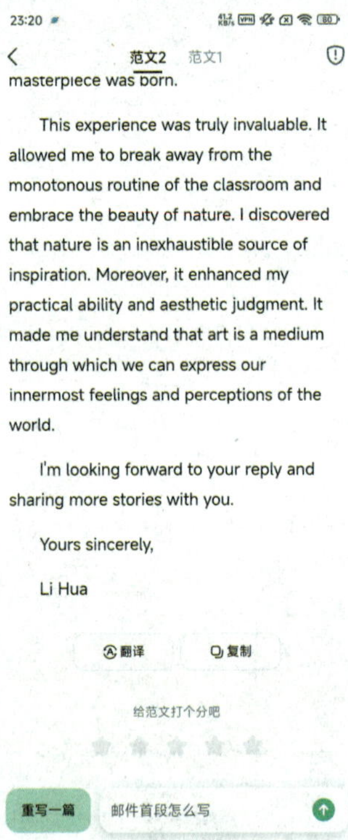

图 4-192　与豆包对话

展开以后，可以看到作文题目的全部内容，如图 4-194 所示。

我们可以尝试着问豆包一些关于英语写作结构的问题，如图 4-195 所示。

也可以针对本题目，让豆包梳理一些注意事项，避免我们写作的时候出现错误，如图 4-196 所示。

针对之前提出的注意事项，我们可以追问平时练习英语写作的一些方法，如图 4-197 所示。

在写作页面的右上方，有一个“历史记录”的图标，点击可以查看所有的范文，如图 4-198 所示。

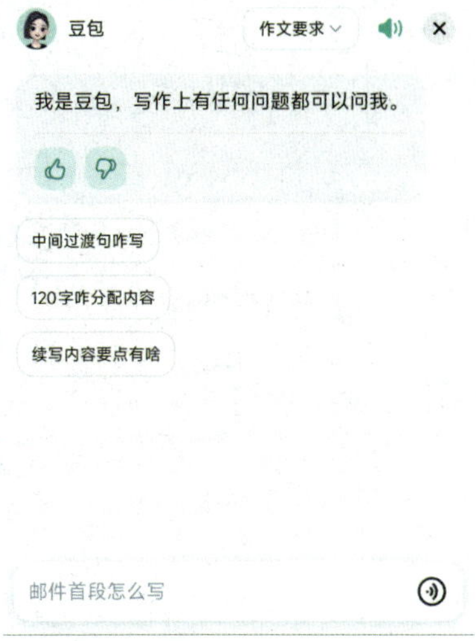

图 4-193　与豆包对话

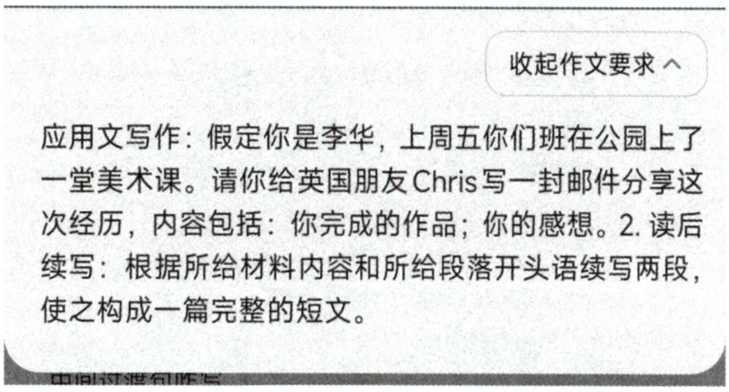

图 4-194　作文要求

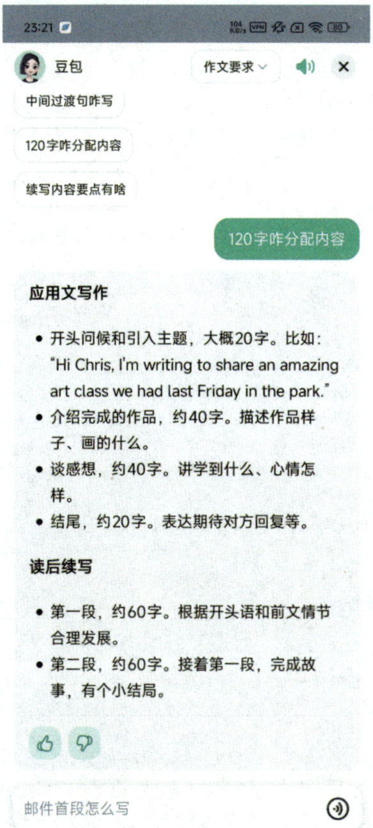

图 4-195　与豆包对话 - 询问写作结构

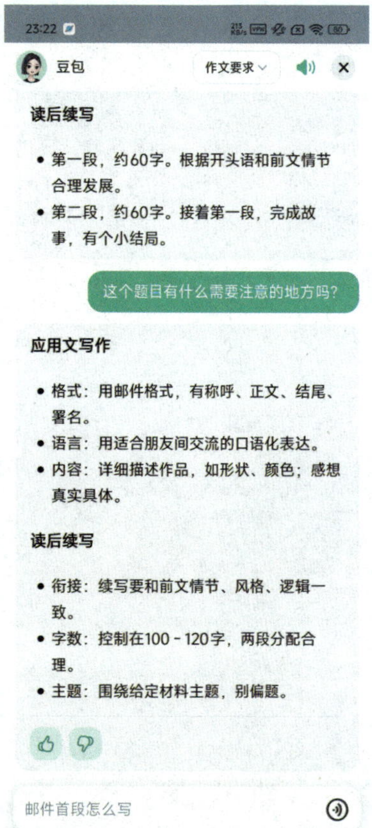

图 4-196　与豆包对话 - 梳理注意事项

在历史记录中，我们可以找到范文并查看复习，如图 4-199 所示。

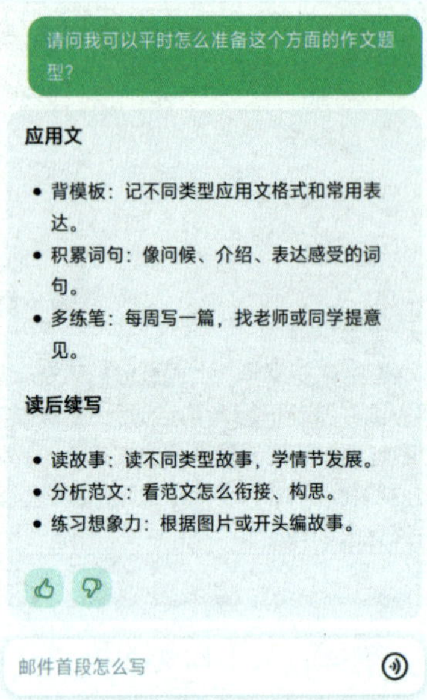

图 4-197　与豆包对话 - 练习英语写作的方法

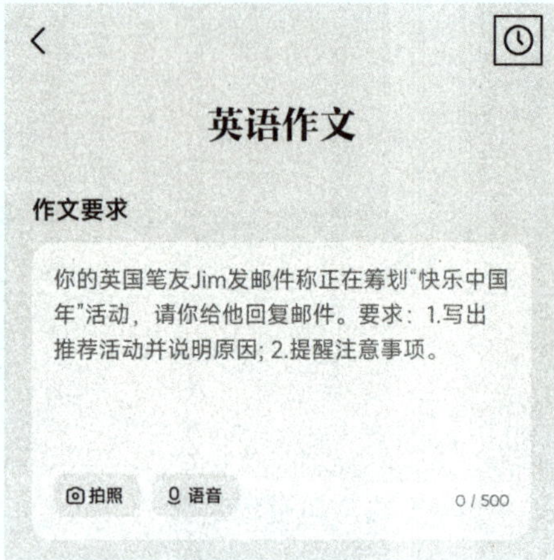

图 4-198　“历史记录”按钮

图 4-199　历史记录

ARTIFICIAL INTELLIGENCE

第 5 章

全学科思维拓展：AI 赋能多元学科探索

5.1 地理探索：AI 带你领略世界风貌

5.1.1 地理学科的重大意义

情景再现：张强同学刚上完初一，地理已经学习一年了，但是摸不清这门学科的内容，他并没有放弃，想要继续学好地理学科，于是他开始求助豆包，与它对话。

张强同学想知道地理学科研究什么内容，他问豆包，如图 5-1 所示。

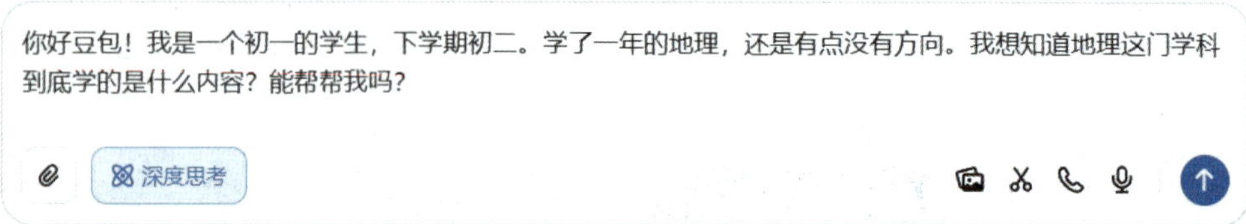

图 5-1　询问豆包 – 关于地理

首先豆包回答了自然地理是地理学科的主要研究内容之一，包含了地球本身、自然环境“四大圈层”。如图 5-2 所示。

你好呀！很高兴能帮你解答地理学习的困惑~其实地理是一门特别“接地气”的学科，既研究我们脚下的土地，也关注远方的世界，还和我们的生活息息相关。可以从三个角度来理解它学什么：

一、自然地理：地球的“身体密码”

就像医生研究人体结构，自然地理研究地球的“身体”——

- **地球本身**：比如地球的形状（不是正圆哦）、昼夜和四季怎么形成的（和地球自转、公转有关）、地图怎么看（比例尺、等高线这些工具很重要）。
- **自然环境“四大圈层”**：
  - **岩石圈**：山脉怎么形成（比如喜马拉雅山是板块碰撞出来的）、火山地震为啥发生（板块边界活跃）。
  - **大气圈**：为什么有的地方热（比如赤道附近）、有的地方冷（两极）？降水是怎么来的？台风、季风这些现象怎么形成的。
  - **水圈**：河流为什么这样流（比如从高处往低处）、海洋和陆地的水怎么循环（下雨、蒸发、地下水）。
  - **生物圈**：为什么热带雨林长在赤道附近？沙漠里的植物怎么生存（比如骆驼刺根系很长）？

图 5-2　豆包回答 – 自然地理

地理学科研究的第二个重点领域是人文地理，这部分包含了人怎么分布、人怎么利用自然、人怎么影响地球三个层面。如图 5-3 所示。

二、人文地理：人类与地球的“互动游戏”

地理不仅看自然，还看人类怎么在地球上生活：

- **人怎么分布**：为什么有的地方人多（比如东亚、南亚，因为适合种地），有的地方人少（比如沙漠、极地）？城市怎么形成的（比如靠近河流、交通便利）。
- **人怎么利用自然**：
  - **农业**：为什么马来西亚种橡胶、中国东北种小麦？和气候（温度、降水）、地形有关。
  - **工业**：为什么工厂建在某个地方？比如靠近煤矿（能源）、港口（运输）。
  - **交通与文化**：铁路公路怎么规划？不同国家的文化和地理有啥关系（比如中东白袍防晒、东南亚高脚屋防潮）。
- **人怎么影响地球**：比如砍伐森林会导致水土流失、全球变暖怎么来的（二氧化碳排放），我们怎么保护环境。

图 5-3　豆包回答 - 人文地理

按照区域的逻辑划分，可以分为世界地理和中国地理，如图 5-4 所示。

三、区域地理：把“知识点”拼成“地图拼图”

学完自然和人文，最后要“实战”—— 分析具体的地区：

- **世界区域**：比如东南亚为什么是“十字路口”？（地理位置重要）、中东为什么战争多？（石油、水资源、宗教）。
- **中国地理**：初二可能会学，比如中国的气候（北方温带、南方亚热带）、·地形（西高东低，三级阶梯）、不同省份的特色（新疆的绿洲农业、广东的制造业）。
  关键是学会“联系”：比如一个地方的气候（自然）影响了当地人种什么作物（人文），进而影响他们的生活方式。

图 5-4　豆包回答 - 区域地理

豆包还在后面写上了常见的学习误区，一是死记硬背地名，二是觉得这些知识与自己的生活无关。随后就给出了一些小建议，帮助我们增加对地理学科的兴趣，一是多看地图，二是联系生活，三是用“问题思维”学习。如图 5-5 所示。

张强同学想要知道有什么既好玩又重要的地理知识，让他能快速喜欢上地理。于是，他接着问豆包，如图 5-6 所示。

豆包回答：第一，你可以从“身边的地理盲盒”开始，比如观察家乡的天气，以广州为例，每天抬头看看天，为什么广州夏季午后常下雨？（夏季气温高，空气对流旺盛，易形成对流雨。）逛街的时候留意建筑，吃美食的时候也可以联想一些知识，还可以从天气新闻中发现地理知识。如图 5-7 所示。

为什么你觉得“没方向”？可能是这两个误区：

1. **只记地名，没找规律**：比如死记“热带雨林气候分布在赤道附近”，不如理解“赤道附近高温多雨，所以形成雨林”。
2. **觉得和生活无关**：其实地理就在身边！比如马来西亚为什么多暴雨？（靠近赤道，对流旺盛。）为什么这里华人多？（历史上的移民，和人文地理有关。）

给你的小建议：

- **多看地图**：没事就翻地图，找国家、山脉、河流，像玩“找不同”游戏。
- **联系生活**：比如下雨时想想“降水类型”（对流雨、锋面雨），去公园观察植物和气候的关系。
- **用“问题思维”学习**：遇到一个知识点，多问“为什么”——比如“为什么非洲北部是沙漠？”（副热带高压控制，降水少）。

地理其实是一门“既脚踏实地，又心怀世界”的学科，等你初二学了中国地理，会发现它和我们的生活、国家的发展联系更紧密～有具体不懂的地方随时可以问我哦！😊

图 5-5　豆包回答 – 误区和建议

原来如此，地理学科居然有这么多内容。作为一名初中生，我想要学好地理。你能让我对地理产生兴趣吗？兴趣是最好的老师，有了兴趣，我想以后我应该会好好学习地理的！

深度思考

图 5-6　询问豆包 – 如何产生兴趣

一、从“身边的地理盲盒”开始——原来你家楼下藏着地理题！

1. 观察广州的“地理彩蛋”：

- **每天抬头看天**：为什么广州夏季午后常下雨？（夏季气温高，空气对流旺盛，易形成对流雨）
- **逛街时留意建筑**：广州骑楼为什么有长廊？（广州气候炎热多雨，长廊可遮阳挡雨，方便行人）；陈家祠等岭南传统建筑的镬耳墙除了装饰性，是不是也有防火等功能？（镬耳墙具有防火、防风、防盗等作用）
- **吃美食时联想**：为什么广州有肠粉这种特色美食？（广州地处亚热带，水稻种植广泛，肠粉以米浆为原料，是当地物产在饮食上的体现）
  试试记录“每日地理小发现”，比如“今天发现广州老城区很多道路较窄——可能是历史发展过程中逐渐形成的！”

2. 用“地理侦探”视角看新闻：

- 比如看到“广东台风频繁登陆”，立刻想：哦，广东位于低纬度沿海地区，夏季海洋上易形成热带气旋，所以常受台风影响！
- 看到“广州冬季仍有绿植繁茂”，联想：广州地处亚热带，冬季温暖，热量条件较好，适合很多亚热带、热带植物生长。
  地理能让你看懂世界新闻的“底层逻辑”，秒变“万事通”！

图 5-7　豆包回答 – 发现身边的地理知识

第二，你可以从一些“新鲜好玩”的地理现象，增加对地理的学习兴趣。比如“会走的石头”“倒立的瀑布”“彩虹火山”等。也有一些人类与地理环境和谐共处的案例，比如过去的荷兰人填海造陆，故意留“人工缺口”让海水倒灌，创造湿地保护鸟类。如图 5-8 所示。

第三，增加趣味性，可以自己动手 DIY 一个地球，也可以玩一些相关的游戏，比如《我的世界》、地图 APP 这样的应用。如图 5-9 所示。

二、用“脑洞大开的地理冷知识”刷新认知 —— 原来地球这么会玩！

1. **颠覆常识的自然奇观**：

- 🌍 **“会走路的石头”**：美国死亡谷的石头会自己在沙漠留下轨迹，其实是薄冰 + 风力推动的“地理魔术”！
- 🌊 **“倒立的瀑布”**：在冰岛，强风会把瀑布的水吹回空中，形成“向上流”的奇观～
- 🌋 **“彩虹火山”**：夏威夷的火山喷发时，岩浆火花遇到雨水，会形成“火与彩虹共舞”的场景！
  (这些现象背后都有简单的地理原理，比如风力、温度差，你可以试着猜原理，再查答案～)

2. **人类与地理的“反向操作”**：

- NL 荷兰人填海造陆，却故意留“人工缺口”让海水倒灌，创造湿地保护鸟类 —— 这就是“人地协调”的智慧！
- PE 秘鲁农民在沙漠里用“雾网”收集水汽种土豆，利用的是沿海寒流导致的“平流雾”现象～
  地理不是死记硬背，而是“地球和人类的脑洞大赛”！

图 5-8　豆包回答 – 地理冷知识

三、把地理变成“沉浸式游戏”—— 玩着玩着就会了！

1. **动手党专属：DIY 地理小实验**：

- 🌍 用台灯当太阳，地球仪模拟公转，看北极圈怎么出现极昼（比课本动画更直观！）
- 🌧 拿玻璃瓶装热水，盖上冰袋，观察“人工水循环”：热水蒸发遇冷凝结，变成“降雨”滴下来～
- 🗺 用橡皮泥捏山脉：挤压两块橡皮泥，模拟板块碰撞形成褶皱山（比如喜马拉雅山），瞬间理解“褶皱”“断层”！

2. **游戏党狂喜：地理主题游戏 / 纪录片**：

- 🎮 **《我的世界》（Minecraft）**：建房子时考虑“坐北朝南”（采光好），在沙漠找仙人掌、雪地找企鹅，其实在练“地理分布”！
- 📺 **纪录片《地球脉动》《蓝色星球》**：每帧都是地理大片！比如看到北极熊在浮冰上捕猎，就会想：北极地区属于苔原气候，浮冰融化和全球变暖有关～
- 🌐 **“谷歌地球”卫星地图**：输入坐标（比如吉隆坡坐标：3.1390° N, 101.6869° E），看自己家的卫星图，再“飞到”埃及看金字塔，对比两地地形差异～

图 5-9　豆包回答 – 在游戏中学习

第四，可以创造一些“梗”，加深对知识点的记忆。如图 5-10 所示。

四、用“地理梗”让学习变快乐 —— 原来课本可以这么皮！

1. **把知识点编成“洗脑口诀”**：

- 比如记中国省份简称：“黑吉辽，东北三杰；陕甘宁，西北情怀”（自己编更有成就感！）
- 记气候分布：“雨林赤道南北穿，草原雨林两侧现”（热带雨林气候在赤道附近，两侧是热带草原气候）。

2. **地理版“十万个冷笑话”**：

- 问：为什么南极没有熊？
  答：因为北极有北极熊，南极有企鹅，地理“隔离”让它们没法见面（其实是大陆漂移导致南极没有熊的祖先～）
- 问：为什么沙漠里的人戴头巾？
  答：不仅防晒，还能当“临时水库”—— 头巾吸汗后蒸发降温，比直接喝水更省水！

图 5-10　豆包回答 – 地理梗

第五，如果条件允许，可以和家人一起出门旅游，亲自感受祖国大好河山，如图 5-11 所示。

在回答的最后，豆包还补充了一些相关问题推荐，只需要点击，就可以继续与它对话。如图 5-12 所示。

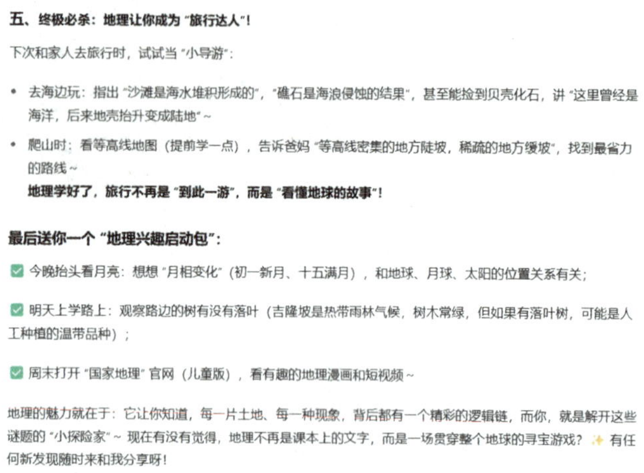

五、终极必杀：地理让你成为"旅行达人"！

下次和家人去旅行时，试试当"小导游"：

- 去海边玩：指出"沙滩是海水堆积形成的"，"礁石是海浪侵蚀的结果"，甚至能捡到贝壳化石，讲"这里曾经是海洋，后来地壳抬升变成陆地"~
- 爬山时：看等高线地图（提前学一点），告诉爸妈"等高线密集的地方陡坡，稀疏的地方缓坡"，找到最省力的路线~

地理学好了，旅行不再是"到此一游"，而是"看懂地球的故事"！

最后送你一个"地理兴趣启动包"：

✅ 今晚抬头看月亮：想想"月相变化"（初一新月、十五满月），和地球、月球、太阳的位置关系有关；

✅ 明天上学路上：观察路边的树有没有落叶（吉隆坡是热带雨林气候，树木常绿，但如果有落叶树，可能是人工种植的温带品种）；

✅ 周末打开"国家地理"官网（儿童版），看有趣的地理漫画和短视频~

地理的魅力就在于：它让你知道，每一片土地、每一种现象，背后都有一个精彩的逻辑链，而你，就是解开这些谜题的"小探险家"~ 现在有没有觉得，地理不再是课本上的文字，而是一场贯穿整个地球的寻宝游戏？✨ 有任何新发现随时来和我分享呀！

图 5-11　豆包回答－推荐旅游

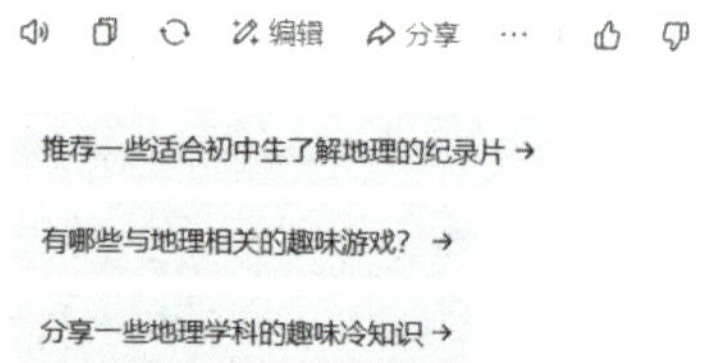

图 5-12　推荐问题

张强同学对地图有些陌生，想让豆包帮忙认识地图，豆包 AI 刚好有识别图片的能力。如图 5-13 所示。

图 5-13　地图

将地图截图拖拽上传到豆包的对话框中，如图 5-14 所示。

图 5-14　上传地图截图

询问豆包：“你好豆包，我想要认识地图，这是手机高德地图的截图，你能告诉我怎么看地图吗？”如图 5-15 所示。

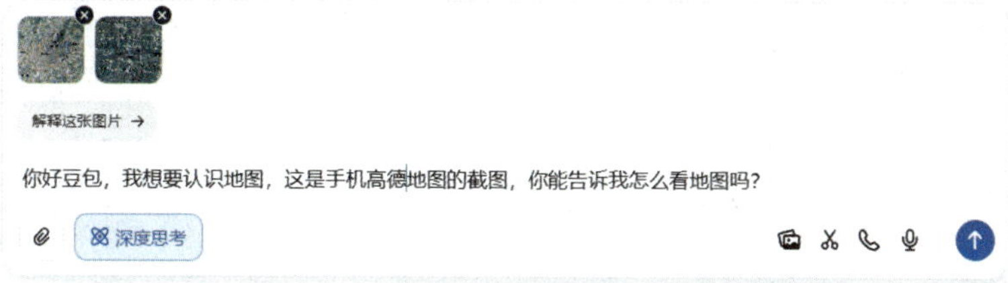

图 5-15　让豆包教认识地图

豆包解释了这两张地图的具体信息，比如地点标识、辨别方向等。同时告诉张强同学如何使用地图 APP 查找位置。如图 5-16 所示。

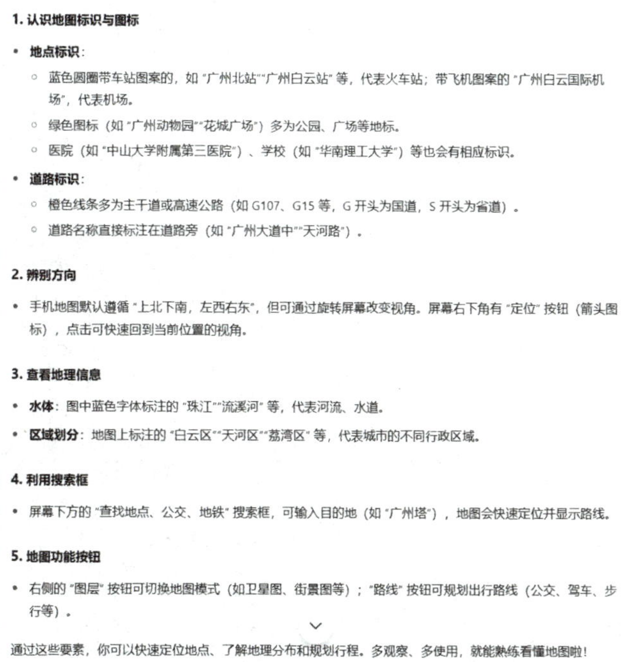

1. 认识地图标识与图标

- **地点标识**：
  - 蓝色圆圈带车站图案的，如“广州北站”“广州白云站”等，代表火车站；带飞机图案的“广州白云国际机场”，代表机场。
  - 绿色图标（如“广州动物园”“花城广场”）多为公园、广场等地标。
  - 医院（如“中山大学附属第三医院”）、学校（如“华南理工大学”）等也会有相应标识。
- **道路标识**：
  - 橙色线条多为主干道或高速公路（如 G107、G15 等，G 开头为国道，S 开头为省道）。
  - 道路名称直接标注在道路旁（如“广州大道中”“天河路”）。

2. 辨别方向

- 手机地图默认遵循“上北下南，左西右东”，但可通过旋转屏幕改变视角。屏幕右下角有“定位”按钮（箭头图标），点击可快速回到当前位置的视角。

3. 查看地理信息

- **水体**：图中蓝色字体标注的“珠江”“流溪河”等，代表河流、水道。
- **区域划分**：地图上标注的“白云区”“天河区”“荔湾区”等，代表城市的不同行政区域。

4. 利用搜索框

- 屏幕下方的“查找地点、公交、地铁”搜索框，可输入目的地（如“广州塔”），地图会快速定位并显示路线。

5. 地图功能按钮

- 右侧的“图层”按钮可切换地图模式（如卫星图、街景图等）；“路线”按钮可规划出行路线（公交、驾车、步行等）。

通过这些要素，你可以快速定位地点、了解地理分布和规划行程。多观察、多使用，就能熟练看懂地图啦！

图 5-16　豆包回答 – 如何看地图

5.1.2　如何成为中学地理达人

培养学科兴趣以后，继续了解学习地理的方法与技巧。张强同学继续问豆包，如图 5-17 所示。

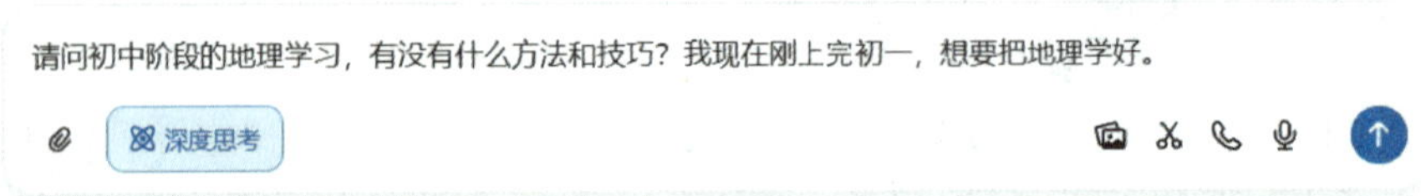

图 5-17　询问豆包－地理学习的方法和技巧

豆包回答，首先是巩固最重要的基础部分，理解概念、理顺原理规律，然后是善用地图，强化空间思维。要经常看地图，图文结合学课本，并尝试手绘简图，增加印象。如图 5-18 所示。

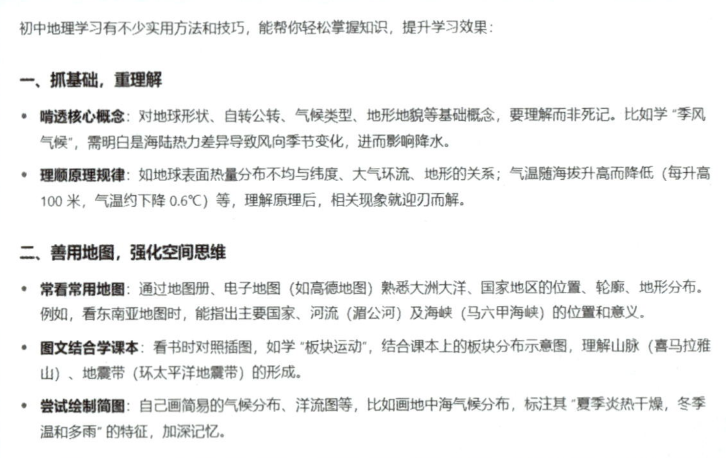
初中地理学习有不少实用方法和技巧，能帮你轻松掌握知识，提升学习效果：

一、抓基础，重理解

- **啃透核心概念**：对地球形状、自转公转、气候类型、地形地貌等基础概念，要理解而非死记。比如学“季风气候”，需明白是海陆热力差异导致风向季节变化，进而影响降水。
- **理顺原理规律**：如地球表面热量分布不均与纬度、大气环流、地形的关系；气温随海拔升高而降低（每升高 100 米，气温约下降 0.6℃）等，理解原理后，相关现象就迎刃而解。

二、善用地图，强化空间思维

- **常看常用地图**：通过地图册、电子地图（如高德地图）熟悉大洲大洋、国家地区的位置、轮廓、地形分布。例如，看东南亚地图时，能指出主要国家、河流（湄公河）及海峡（马六甲海峡）的位置和意义。
- **图文结合学课本**：看书时对照插图，如学“板块运动”，结合课本上的板块分布示意图，理解山脉（喜马拉雅山）、地震带（环太平洋地震带）的形成。
- **尝试绘制简图**：自己画简易的气候分布、洋流图等，比如画地中海气候分布，标注其“夏季炎热干燥，冬季温和多雨”的特征，加深记忆。

图 5-18　豆包回答（1）

豆包还提到了总结归纳知识点、联系实际活学活用、高效学习的一些习惯，这一部分的内容应用面很广，可以把这些方法应用于其他的学科。这里提到了非常多通用的学习方法，比如找规律记忆、对比记忆、观察生活、课前预习、课后巩固等。如图 5-19 所示。

最后是培养地理思维，分析因果关系和综合考虑要素两个方面，如图 5-20 所示。

豆包 AI 给我们回答了这么多专业的知识，除了它之前就已经“学过”的知识以外，还会自己上网，查找相关内容。图 5-21 就是资料来源，豆包会从这些网站中提炼相关内容，然后转述给我们。

张强同学已经大致掌握了学习地理的一些方法，现在他想知道纵观整个初中

三、总结归纳，巧记知识

- **找规律记忆**：
  - 气候分布：如热带雨林气候分布在赤道附近，热带草原气候在其两侧，呈一定规律。
  - 经纬线：赤道（0°纬线）以北是北纬，以南是南纬；本初子午线（0°经线）以东是东经，以西是西经。
- **对比记忆**：将易混淆的内容对比，如“天气”（短时间阴晴雨雪）与“气候”（长时间稳定的天气特征）；“经线”（连接南北极，长度相等）与“纬线”（圆圈，长度不等）。
- **借助口诀记忆**：如记中国山脉分布“天阴坤岐南岭南，贺兰六盘加横断；东北西南看七山，长白武夷和台湾，大兴安岭当头站，太行乌山雪峰山”。

四、联系实际，活学活用

- **观察生活中的地理**：如当地房屋屋顶坡度（坡度大可能降水多）、植被类型（热带雨林地区树木高大茂密）；通过天气预报理解天气系统（冷锋过境时气温下降、可能降雨）。
- **结合旅行或新闻**：去云南旅游，可联系“喀斯特地貌”知识；看新闻“巴西热带雨林砍伐”，思考其对全球气候、生物多样性的影响。

五、高效学习习惯与技巧

- **课前预习**：浏览课本，圈出疑问点，如学“地球运动”前，先看内容，带着“为什么会有四季更替”的问题听课。
- **课堂专注**：跟紧老师思路，重视板书和地图讲解，如老师讲“等高线地形图”时，注意如何通过等高线疏密判断坡度陡缓。
- **课后巩固**：
  - 及时复习，整理笔记，将知识点系统化。如学完“世界气候”，整理各气候类型的分布、特征、成因表格。
  - 做题巩固，掌握答题技巧。选择题用排除法；读图题先看问题，再从图中找关键词（图例、注记、比例尺等）；简答题表述准确，如“地形”与“地势”不可混淆。
- **错题分析**：每次做完题，分析错误原因（是概念不清、读图失误，还是粗心），积累经验。

图 5-19　豆包回答（2）

六、培养地理思维

- **分析因果关系**：如“为什么中东地区水资源匮乏？”从气候（热带沙漠气候，降水少）、河流分布（河流少）、人口用水需求等方面分析。
- **综合考虑要素**：学某区域地理时，从位置、地形、气候、河流、人口、经济等多要素综合分析。如分析“日本工业为何分布在太平洋沿岸”，需考虑资源（匮乏，依赖进口）、交通（海运便利）、市场（便于出口）等因素。

通过这些方法，你能逐步找到地理学习的乐趣和规律，把知识学活、学透，加油！

图 5-20　豆包回答（3）

网页搜索　×

一条视频，一个口诀，搞定地理山脉分布-抖音

抖音

初中地理应该怎么学 地理学习方法_初三网

初中地理的基础知识包括地球的形状、地球的运动、地球上的气候、地形地貌等。这些知识是学习地理的基础，...

初三网　1

初中生怎么学好地理

要想学好初中地理，必须要掌握合适的学习方法，才能化难为易，化繁为简。1、课前预习。每节课前对将要学习...

学习啦　2

初中地理学习方法

掌握学习方法，能够帮助大家节省学习时间，提高学习效率。以下是小编收集整理的初中地理学习方法，欢迎大...

瑞文网　3

图 5-21　豆包回答的资料来源

的地理课程，各阶段重难点是哪些。于是张强继续问豆包，如图 5-22 所示。

能不能帮我讲解一下初中地理各个阶段的重点和难点，好让我在学习的时候多多留意这些内容。

深度思考

图 5-22　询问豆包初中地理的重点和难点

豆包总结了整个初中七年级和八年级上下册的所有地理内容，分为重点和难点，如图 5-23 所示。

初中地理学习分为不同阶段，各阶段重点难点如下，助你有针对性地学习：

一、七年级上册

重点：

- 地球的形状与大小（如平均半径 6371 千米、赤道周长约 4 万千米）。
- 经纬线与经纬度判读（赤道为 0° 纬线，本初子午线为 0° 经线；掌握"东大东经，西大西经；南大南纬，北北大纬"判读技巧）。
- 地球自转（昼夜交替、地方时差异）与公转（四季更替、五带划分、昼夜长短变化）。
- 地图三要素（比例尺、方向、图例），等高线地形图判读（山顶、山谷、山脊、陡崖等地形部位）。
- 海陆分布（七分海洋、三分陆地；七大洲四大洋位置与轮廓），板块构造学说（火山地震带分布、山脉形成原因）。

难点：

- 经纬线抽象概念及经纬度判读，易混淆方向与数值。
- 地球运动的时空逻辑（如太阳直射点移动规律、四季成因、极昼极夜现象），需借助地球仪、示意图辅助理解。

（a）

二、七年级下册

重点：

- 亚洲的地理位置、地形气候特征（中部高四周低、季风气候显著）及河流分布（放射状水系）。
- 中东地区"三洲五海之地"的战略位置、石油资源分布与输出路线。
- 欧洲西部发达的畜牧业（温带海洋性气候影响）、工业密集及旅游业。
- 东南亚"十字路口"的位置（马六甲海峡）、热带气候与农业（水稻、热带经济作物）。
- 日本的岛国特征、多火山地震原因（板块交界）及经济发展模式（进口 — 加工 — 出口）。

难点：

- 复杂的区域地理特征分析（如亚洲气候类型多样的成因）。
- 不同地区人文地理与自然地理的联系（如中东水资源匮乏对农业、生活的影响）。

（b）

三、八年级上册

重点:

- 中国疆域（四至点、邻国、海域）、人口与民族分布（人口分界线、民族风情）。
- 地形地势（西高东低三级阶梯、主要山脉与地形区），气候类型（季风气候显著、气候复杂多样）及降水分布规律。
- 长江（水能资源、航运价值）与黄河（水土流失、治理措施）的水文特征。
- 自然资源分类（可再生与非可再生），土地资源、水资源的分布及合理利用（如南水北调工程）。
- 交通运输方式选择，农业分布（因地制宜原则），工业发展（高新技术产业区、四大工业基地）。

难点:

- 气候类型的成因分析（如海陆位置、纬度位置对气候的影响）。
- 自然资源问题与对策（如水资源时空分布不均的解决措施）。

（c）

四、八年级下册

重点:

- 四大地理区域（北方、南方、西北、青藏）的划分依据及各自的自然人文特征（如南方湿热、北方旱作农业、西北干旱、青藏高寒）。
- 北京的城市职能（政治、文化、国际交往中心）与历史文化保护。
- 台湾省的自然环境（多山、热带亚热带气候）与经济（外向型经济）。
- 黄土高原的水土流失成因（自然与人为因素）及治理措施（生物与工程措施结合）。
- 长江三角洲的经济发展（江海交汇优势、城市群"同城效应"）。

难点:

- 区域地理综合分析（如西北地区干旱的成因及对生产生活的影响）。
- 生态环境问题的因果关系（如黄土高原水土流失的危害及治理逻辑）。

学习时，建议结合地图理解空间分布，通过对比、归纳突破难点，联系生活实际深化对地理原理的认识，多做典型题巩固知识，逐步提升地理思维能力。

（d）

图 5-23　豆包回答七年级和八年级的地理内容

5.2 物理：AI 让物理更有趣

5.2.1 总结归纳初中物理

情景再现：刚中考完的晓丽，想要总结整个初三物理知识，同时想展望一下高中物理，提前做好准备。于是她问豆包，如图 5-24 所示。

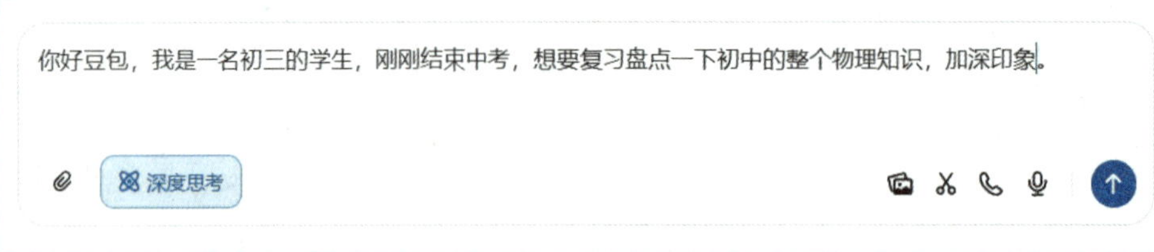

图 5-24　询问豆包

豆包首先恭喜了晓丽同学顺利结束中考，然后从四个方面拆解了初中物理的力学，分别是机械运动、力与运动、压强与浮力、简单机械与功。针对每一个重点，豆包都提供了概念及重点公式，方便晓丽同学迅速唤起记忆，并强化学习。如图 5-25 所示。

你好呀！恭喜你结束中考，即将开启新的学习阶段～初中物理知识体系清晰，核心模块包括力学、热学、光学、声学、电学五大板块。以下是为你整理的 **初中物理核心知识点盘点**，帮你高效回顾重点内容，建议结合课本和笔记查漏补缺哦～

一、力学（重点！）

1. 机械运动

- **核心概念**：速度（v=s/t）、匀速 / 变速直线运动、参照物、运动和静止的相对性。
- **重点公式**：速度公式（v=s/t）、平均速度（总路程 ÷ 总时间，注意不是速度的平均值！）。
- **易错点**：判断运动状态时，先选好参照物；平均速度计算别忽略“总时间”。

2. 力与运动

- **力的三要素**：大小、方向、作用点（力的示意图要标清！）。
- **牛顿第一定律**：一切物体在不受力时，总保持静止或匀速直线运动（理想实验，现实中不存在不受力的物体）。
- **二力平衡**：条件为“同体、等大、反向、共线”，平衡力 vs 相互作用力的区别（是否作用在同一物体上）。
- **摩擦力**：静摩擦（随外力变化）、滑动摩擦（与压力和接触面粗糙程度有关，公式：f=μN，初中不要求计算，但要会分析方向）。

3. 压强与浮力

- **压强**：
  - 固体压强：p=F/S（压力≠重力，只有水平面上物体对支持面的压力 F=G）。
  - 液体压强：p=ρgh（与深度 h 有关，h 是液面到研究点的竖直距离）。
  - 大气压强：标准大气压 = 760mmHg=1.013×10^5Pa，吸盘、托里拆利实验是考点。
- **浮力**：
  - 阿基米德原理：F 浮 = G 排 =ρ 液 gV 排（浮力大小只与液体密度和排开液体体积有关，与物体密度、浸没深度无关）。
  - 浮沉条件：通过比较 F 浮与 G 物，或 ρ 液与 ρ 物判断物体上浮、下沉、悬浮、漂浮。
  - 应用：轮船（空心增大排开液体体积）、潜水艇（改变自身重力）、密度计（漂浮时 F 浮 = G，刻度上小下大）。

4. 简单机械与功

- **杠杆**:
  - 五要素：支点、动力、阻力、动力臂、阻力臂（力臂是支点到力的作用线的垂直距离，画图常考！）。
  - 平衡条件：$F_1L_1=F_2L_2$（省力杠杆、费力杠杆、等臂杠杆的判断及生活实例）。
- **滑轮**:
  - 定滑轮（不省力，改变方向，F=G）、动滑轮（省一半力，费距离，F=(G 物 + G 动)/n，n 为承重绳子段数）。
  - 滑轮组：拉力 F=(G 物 + G 动)/n，绳子自由端移动距离 s=nh（h 为物体上升高度）。
- **功与功率**:
  - 功 W=Fs（力与物体在力的方向上移动距离的乘积，垂直时不做功）。
  - 功率 P=W/t=Fv（表示做功快慢，单位：W=J/s）。
- **机械能**:
  - 动能（与质量、速度有关）、重力势能（与质量、高度有关）、弹性势能（形变程度）。
  - 机械能守恒：不计摩擦和空气阻力时，动能与势能相互转化，总和不变（如水轮机、单摆模型）。

图 5-25　豆包回答 – 力学

第二部分是热学，提到了温度与物态变化，回顾了温度、物态变化、吸热公式与内能几个重要的知识点。如图 5-26 所示。

二、热学

1. 温度与物态变化

- **温度**：单位℃，温度计原理（液体热胀冷缩），体温计（量程 35-42℃，分度值 0.1℃，使用前需甩动）。
- **物态变化**:
  - 熔化（吸热，晶体有熔点，如冰；非晶体无熔点，如蜡）、凝固（放热）。
  - 汽化（蒸发和沸腾，都吸热：蒸发任何温度下发生，沸腾需达到沸点且持续吸热）、液化（放热，方法：降温、压缩体积）。
  - 升华（吸热，如樟脑丸变小、干冰制冷）、凝华（放热，如霜、雾凇）。
- **吸热公式**：Q 吸 = cmΔt（c 为比热容，水的比热容最大：4.2×10^3J/(kg · ℃)，表示 1kg 水升高 1℃吸热 4200J）。
- **内能**：一切物体都有内能，改变内能的方式：做功（内能与机械能转化）和热传递（内能转移）。

图 5-26　豆包回答 – 热学

第三部分是光学，光学有三个重要的知识点，分别是光的直线传播、光的反射、光的折射，如图 5-27 所示。

三、光学

1. 光的直线传播

- 现象：影子、日食月食、小孔成像（成倒立实像，像的大小与物体到小孔距离有关）。
- 光速：真空中 $c=3\times10^8$m/s，空气中近似相等，水中约 3/4c，玻璃中约 2/3c。

2. 光的反射

- 定律：反射角 = 入射角，法线垂直于镜面，反射光与入射光分居法线两侧（光路可逆）。
- 分类：镜面反射（光滑表面，如镜子）、漫反射（粗糙表面，都遵循反射定律）。
- 应用：平面镜成像（虚像，像与物等大、对称，像距 = 物距，作图用"虚像 + 垂直符号"）。

图 5-27

3. 光的折射

- 定律：折射角与入射角的关系（空气中角度大，如光从空气→水 / 玻璃，折射角 < 入射角），光路可逆。
- 现象：筷子变弯、池水变浅、凸透镜成像。
- **凸透镜成像规律（重点！）**：

物距 u	像距 v	像的性质	应用
u>2f	f<v<2f	倒立、缩小、实像	照相机
u=2f	v=2f	倒立、等大、实像	测焦距
f<u<2f	v>2f	倒立、放大、实像	投影仪
u=f	不成像	平行光	平行光源
u<f	v>u	正立、放大、虚像	放大镜

  - 口诀："一倍焦距分虚实，二倍焦距分大小；物近像远像变大，物远像近像变小"。
- 透镜：凸透镜（会聚光线）、凹透镜（发散光线），近视用凹透镜（矫正发散），远视用凸透镜（矫正会聚）。

图 5-27　豆包回答 - 光学

第四部分是声学。这部分有三个要点：声音的产生与传播、声音的特征、噪声。如图 5-28 所示。

四、声学

- **声音的产生与传播**：由物体振动产生，传播需要介质（固体 > 液体 > 气体，真空不能传声）。
- **特性**：
  - 音调（频率决定，Hz，超声波 > 20000Hz，次声波 < 20Hz）。
  - 响度（振幅决定，单位 dB，与距离声源远近有关）。
  - 音色（材料、结构决定，用于区分不同发声体，如 "闻其声知其人"）。
- **噪声**：妨碍人们的声音，防治途径：声源处（消音器）、传播中（隔音墙）、人耳处（耳塞）。

图 5-28　豆包回答 - 声学

第五部分是重难点——电学，同样也有三个重点：电路基础、欧姆定律、电功率。这部分，豆包给出了许多公式，如果公式的部分不容易理解，可以继续追问豆包。如图 5-29 所示。

五、电学（重难点！）

1. 电路基础

- **元件符号**：电源、开关、灯泡、电阻、电流表（串联，内阻小，相当于导线）、电压表（并联，内阻大，相当于断路）。
- **电路分类**：
  - 串联（电流处处相等，$I=I_1=I_2$；总电压 $U=U_1+U_2$；总电阻 $R=R_1+R_2$）。
  - 并联（各支路电压相等，$U=U_1=U_2$；总电流 $I=I_1+I_2$；总电阻 $1/R=1/R_1+1/R_2$，并联总电阻小于任一电阻）。

- **电流 / 电压规律**：
    - 电流表测电流，必须串联；电压表测电压，必须并联，正接线柱流入，负接线柱流出，不超量程。

2. 欧姆定律

- **公式**：I=U/R（电阻 R 由材料、长度、横截面积、温度决定，与 U、I 无关）。
- **应用**：
    - 伏安法测电阻（原理 R=U/I，滑动变阻器作用：保护电路、改变待测电阻两端电压和电流）。
    - 动态电路分析：滑片移动→电阻变化→电流 / 电压变化（串联中，R 变大→I 变小，定值电阻两端 U 变小；并联中，各支路独立，干路电流变化）。

3. 电功率

- **基本公式**：
    - 电功率 P=UI=W/t（单位：W=J/s，1kW=1000W）。
    - 推导公式（纯电阻电路）：$P=I^2R=U^2/R$（串联电路中 P 与 R 成正比，并联中 P 与 R 成反比）。
- **额定功率与实际功率**：
    - 额定功率（P 额）：用电器在额定电压（U 额）下的功率，实际电压 U 实≠U 额时，P 实≠P 额（如 U 实 = 2U 额，P 实 = 4P 额，前提：电阻不变）。
- **焦耳定律**：$Q=I^2Rt$（电流产生的热量，纯电阻电路中 $Q=W=Pt=UIt=U^2t/R$；非纯电阻电路如电动机，Q < W，W=Q + 机械能）。

图 5-29 豆包回答 - 电学

第六部分是重点实验的回顾。包含测试固体 / 液体密度、探究滑动摩擦力与哪些因素有关、测小灯泡电功率，以及探究电流与电压、电阻的关系。

最后豆包给出了一些复习的常用技巧：思维导图、错题整理、公式推导、生活联系。其中思维导图这一点是很值得推荐的工具和方法，可以很直观地看出知识点之间的关系，如图 5-30 所示。

六、重点实验回顾

1. **测量固体 / 液体密度**（ρ=m/V，天平测质量，量筒测体积，固体密度 > 水则沉，< 水用针压法 / 沉坠法）。
2. **探究滑动摩擦力与哪些因素有关**（控制变量法：压力、接触面粗糙程度，与接触面积无关）。
3. **测小灯泡电功率**（滑动变阻器调电压至 U 额、U 实 > U 额、U 实 < U 额，观察亮度变化，注意灯泡电阻随温度升高而增大）。
4. **探究电流与电压、电阻的关系**（控制变量：电阻不变时 I∝U；电压不变时 I∝1/R，换电阻后需调滑动变阻器保持电压不变）。

复习小贴士

1. **思维导图**：每个模块画一张图，梳理知识点逻辑（如力学：运动→力→压强浮力→机械→能量）。
2. **错题整理**：中考真题和模拟题中的错题分类（概念混淆 / 公式误用 / 实验误差），标注错误原因。
3. **公式推导**：电学公式多，尝试从 I=U/R 推导出串联 / 并联的电流、电压、电阻、功率关系，理解逻辑而非死记硬背。
4. **生活联系**：物理现象在生活中的应用（如高压锅 —— 气压与沸点关系，电动车 —— 电能转化为机械能），加深理解。

如果需要某一模块的详细例题或易错题解析，可以随时告诉我哦~ 祝你复习顺利，高中物理也会更有趣，加油！🚀

图 5-30 豆包回答 - 重点实验和复习建议

5.2.2 感受生活，爱上物理

晓丽同学梳理完整个初中的物理知识后，她想知道如何才能对物理产生更大兴趣，晓丽问豆包，如图 5-31 所示。

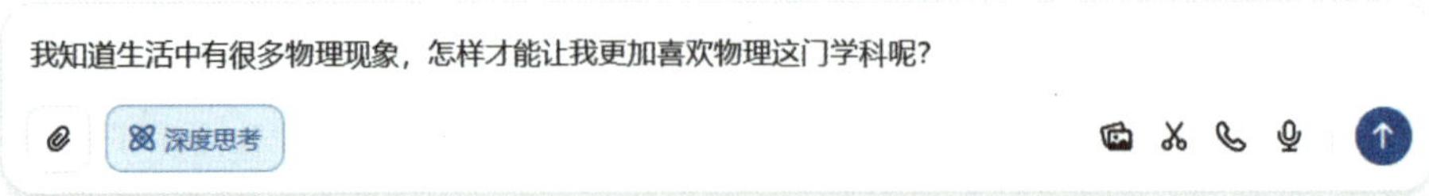

图 5-31　询问豆包如何对物理产生更大兴趣

第一点是将学科带入生活，通过观察生活，多问为什么来唤起知识，增加兴趣。对身边的万事万物都保持好奇心，去探索。慢慢地会对物理学产生更多的兴趣。如图 5-32 所示。

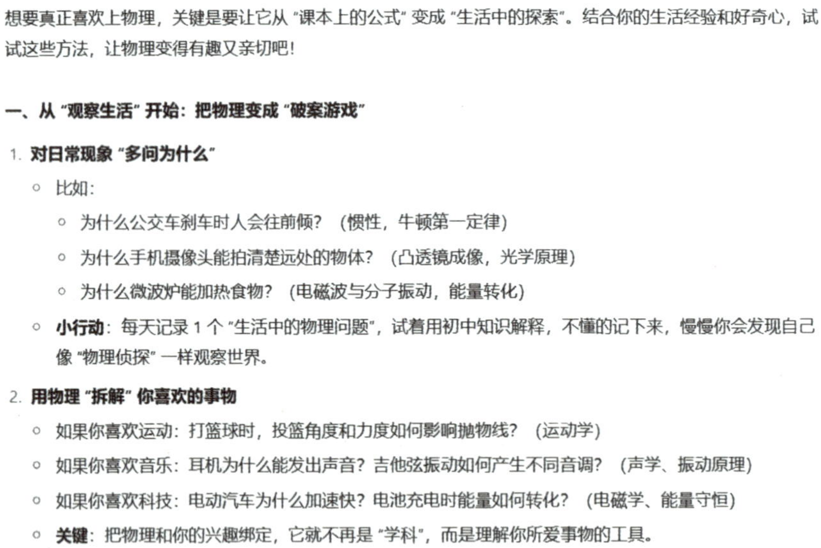

想要真正喜欢上物理，关键是要让它从"课本上的公式"变成"生活中的探索"。结合你的生活经验和好奇心，试试这些方法，让物理变得有趣又亲切吧！

一、从"观察生活"开始：把物理变成"破案游戏"

1. **对日常现象"多问为什么"**
   - 比如：
     - 为什么公交车刹车时人会往前倾？（惯性，牛顿第一定律）
     - 为什么手机摄像头能拍清楚远处的物体？（凸透镜成像，光学原理）
     - 为什么微波炉能加热食物？（电磁波与分子振动，能量转化）
   - **小行动**：每天记录 1 个"生活中的物理问题"，试着用初中知识解释，不懂的记下来，慢慢你会发现自己像"物理侦探"一样观察世界。
2. **用物理"拆解"你喜欢的事物**
   - 如果你喜欢运动：打篮球时，投篮角度和力度如何影响抛物线？（运动学）
   - 如果你喜欢音乐：耳机为什么能发出声音？吉他弦振动如何产生不同音调？（声学、振动原理）
   - 如果你喜欢科技：电动汽车为什么加速快？电池充电时能量如何转化？（电磁学、能量守恒）
   - **关键**：把物理和你的兴趣绑定，它就不再是"学科"，而是理解你所爱事物的工具。

图 5-32　豆包回答－观察生活

第二点是亲手参与物理实验，通过自己操作物理实验，沉浸式感受物理现象，加深对它的记忆，也可以通过一些相关的科普视频、纪录片来获取物理知识。如图 5-33 所示。

第三点是从科学家的故事着手，了解物理知识背后的伟大传奇故事，如图 5-34 所示。

第四点是和志同道合的朋友们一起探索物理学的奥秘，和身边的亲朋好友们一起学习物理知识。如图 5-35 所示。

二、用“动手和体验”建立连接：物理是“玩”出来的

1. **做“低成本小实验”，把课本变成“玩具”**
   - 初中知识就能玩出花样：
     - 用手机 APP 测加速度（比如“Phyphox”），感受坐电梯时的超重和失重；
     - 用放大镜聚焦阳光点燃纸片（凸透镜会聚光线，能量转化）；
     - 用吸管制作简易“喷雾器”（流体压强与流速的关系，伯努利原理）。
   - **推荐工具**：买一套便宜的实验器材（如光具座、磁铁、弹簧测力计），或者用家里的物品（水杯、硬币、毛线）动手试，失败了也没关系，重点是观察“发生了什么”。
2. **看“视觉化科普”，让抽象变直观**
   - **科普视频**：B 站“李永乐老师”“中科院物理所”用生活例子讲物理；YouTube “Veritasium”“MinutePhysics”用动画演示相对论、量子力学等（有中文字幕）。
   - **纪录片**：《宇宙的构造》《优雅的宇宙》用画面展现相对论和量子力学的奇妙；《走进物理世界》聚焦科学家如何用实验破解自然之谜。
   - **小技巧**：看视频时暂停，试着自己先“猜结果”，再对比科学解释，像玩解谜游戏一样投入。

图 5-33　豆包回答 - 动手和体验

三、了解“物理的温度”：它不只是公式，更是人类的好奇心

1. **听“科学家的故事”，发现物理的“人情味”**
   - 比如：
     - 牛顿被苹果砸中是传说，但他真的通过观察月亮和苹果，发现万有引力；
     - 居里夫人为研究放射性元素付出生命，却改变了医学（放疗）；
     - 费曼用“卖俏的数学”解释物理，甚至在原子弹项目期间偷偷撬保险柜（《别逗了，费曼先生》）。
   - **推荐书**：《从一到无穷大》《上帝掷骰子吗？量子物理史话》，用故事串联知识，比课本更有画面感。
2. **关注“物理的前沿和脑洞”，感受它的“现在进行时”**
   - 物理不是“老古董”，而是每天都在突破：
     - 马斯克的电动车电池如何优化？（电化学，能量密度）
     - 为什么量子计算机会“颠覆”传统计算机？（量子叠加态）
     - 宇宙中真的有“暗物质”吗？（天体物理未解之谜）
   - **小行动**：关注“中科院物理所”公众号，每月花 10 分钟读一篇“前沿科普”，你会发现物理还在“生长”，充满未知等你探索。

图 5-34　豆包回答 - 物理的温度

四、找到“共鸣和成就感”：让物理成为你的“秘密武器”

1. **和他人“分享你的发现”，做身边人的“物理小老师”**
   - 比如：
     - 给家人解释“为什么高铁隧道里耳朵会不舒服”（空气压强变化）；
     - 和同学讨论“手机信号是怎么从基站传到你手上的”（电磁波传播）；
     - 甚至在游戏里发现物理：比如《原神》里角色的“元素反应”可能没啥科学依据，但你可以分析“角色跳跃的抛物线是否符合运动学公式”（较真但有趣！）。
   - **效果**：教别人时，你会更主动理解知识，还能收获崇拜感，形成良性循环。
2. **用物理“解决小问题”，积累“实用主义快乐”**
   - 比如：
     - 挂窗帘时，如何让钩子受力更均匀？（合力与分力，平行四边形定则）；
     - 夏天买饮料，选“常温放冰箱”还是“直接买冰的”更省电？（热量计算，比热容）；
     - 甚至玩桌游时，计算“骰子滚动的轨迹”（摩擦力、动量守恒）。
   - **核心**：让物理帮你“优化生活”，哪怕只是算对一道题、解释一个现象，都会让你觉得“学物理有用”，进而想了解更多。

图 5-35　豆包回答 - 共鸣和成就感

最后是豆包给我们的一些温馨提示：接受不懂，保持好奇，这比考高分更重要。如图 5-36 所示。

最后：接受“不懂也没关系”，保持好奇心比“考高分”更重要

物理的魅力在于：它永远有你不懂的东西 —— 从日常的“为什么天空是蓝色”到宇宙的“黑洞如何吞噬光”。不必一开始就追求“全懂”，而是像孩子一样问“为什么”，然后享受“慢慢靠近答案”的过程。

记住：你现在觉得“boring”的公式，背后都是人类花了几百年才解开的自然谜题。当你把自己代入“探索者”的角色，物理就会从“考试科目”变成“认识世界的钥匙”。

试试从今天开始，带着“物理滤镜”观察周围，你会发现：原来世界本身，就是最酷的物理教科书！

图 5-36　豆包回答 - 保持好奇心

5.3 生物：AI 探索生命奥秘

5.3.1 研究生物的学科

情景再现：张丽同学一直对生物提不起兴趣，生物成绩也不太好，于是她想借助豆包 AI 的帮助，找寻生物学科的正确打开方式（勾起兴趣）。张丽问豆包，如图 5-37 所示。

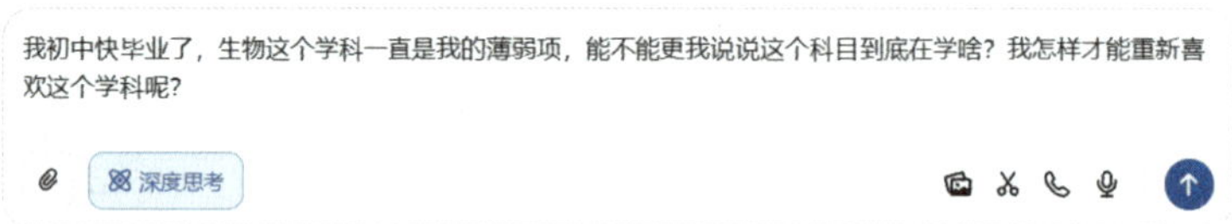

图 5-37　询问豆包如何学习生物

第一部分，豆包回答“初中生物到底在学什么？”这个问题。从生命的结构与运作、生命的延续与演化、生命与环境的关系三个核心视角进行解读。如图 5-38 所示。

第二部分，豆包回答“如何重新喜欢生物？”这个问题。包括用生活问题驱动学习、用“图像记忆”代替“死记硬背”、从“课本”走向“真实世界”三个部分。如图 5-39 所示。

第三部分是给初中生的一句话。这个部分是给全体初中生，特别是像张丽这样的同学一个由衷的鼓励：带着“好奇”而非“任务”接近触摸它，说不定下一次翻开课本，你会发现那些文字突然“活”了起来。如图 5-40 所示。

作为即将初中毕业的同学，生物其实是一门探索“生命本质”的学科——它既研究微观到细胞、基因如何运作，也关注宏观到生态系统如何循环，甚至和我们每个人的健康、生存环境息息相关。如果你觉得生物难，可能是因为知识点零散，但找准兴趣点后会发现它非常贴近生活！

一、初中生物到底在学什么？——3 个核心视角帮你理解

1. **【生命的结构与运作】**
   - 从细胞（比如植物细胞有细胞壁、叶绿体，动物细胞有细胞膜的流动性）到人体系统（消化系统如何分解食物、呼吸系统如何交换氧气），生物在解释“我们为什么是我们”。
   - **举例**：你感冒时咳嗽，其实是呼吸道黏膜的纤毛在通过摆动清除病毒，这就是生物学里“人体防御机制”的一部分。
2. **【生命的延续与演化】**
   - 遗传（基因如何决定你的双眼皮 / 单眼皮）、变异（为什么你和父母长得像又不完全一样）、进化（长颈鹿的脖子为什么变长），这些内容在揭示“生命如何代代相传并适应环境”。
   - **举例**：家里养的多肉植物长出不同颜色的叶片，可能是基因突变的结果，这就是生物课本里“变异”的真实案例。
3. **【生命与环境的关系】**
   - 小到一片草地的食物链（草→兔子→狐狸），大到全球气候对物种的影响（北极熊因冰川融化生存困难），生物在教我们“如何与自然共处”。
   - **举例**：你小区里的麻雀越来越多，可能是因为它们适应了人类环境，这就是“生物与环境相互作用”的体现。

图 5-38　豆包回答 – 初中生物学什么

二、如何重新喜欢生物？——4 个小技巧让学习变有趣

1. 从“讨厌”到“好奇”：用生活问题驱动学习

- 把生物当成“解谜工具”：
  ✅ 为什么减肥要少吃糖？（细胞呼吸原理：糖类先被分解供能，多余转化为脂肪）
  ✅ 为什么秋天树叶会变黄？（叶绿素分解，类胡萝卜素显现，课本里的“植物色素”知识点）
- **试试**：每天记录一个“生活中的生物问题”，比如“为什么伤口愈合时会痒？”，然后翻课本或查资料找答案，成就感会慢慢积累。

2. 用“图像记忆”替代“死记硬背”

- 生物课本里的插图都是“宝藏”！比如：
  ✅ 细胞结构——想象成“工厂”：线粒体是“发电厂”，叶绿体是“太阳能车间”，细胞核是“控制室”。
  ✅ 食物链——画成你喜欢的动漫角色（比如“皮卡丘吃电浆果，电龙吃皮卡丘”），记忆会更深刻。
- **工具推荐**：用“思维导图”整理知识点，比如把“人体系统”分成消化、呼吸、循环等分支，每个分支标注关键器官和功能，一目了然。

3. 从“课本”走向“真实世界”：低成本观察与实验

- **观察身边生物**：
  ✅ 家里的绿萝：浇水过多烂根（根需要呼吸，课本“细胞呼吸方式”）；叶片向光生长（植物的向光性，生长素分布不均）。
  ✅ 小区的流浪猫：毛色花纹（遗传基因）、瞳孔白天变小夜晚变大（适应光线变化的生存策略）。
- **动手小实验**：
  ✅ 泡发黄豆观察发芽（种子萌发需要水、空气、适宜温度）；
  ✅ 用透明塑料袋罩住盆栽叶片，观察内壁水珠（植物蒸腾作用）。
  这些实验能让抽象知识“看得见”，比背概念有趣 100 倍！

图 5-39　豆包回答 – 如何重新喜欢生物

三、给初中生的一句话：生物是“最贴近你自己”的学科

你知道吗？你的每一次呼吸、每一次心跳、甚至你喜欢吃甜食的本能（远古人类对高能量食物的适应），都是生物研究的范畴。它不仅是课本上的考点，更是一把钥匙，帮你理解自己从哪里来、如何与世界共处。

如果暂时觉得难，没关系！先从观察一片叶子、一只小虫子开始，或者想想“为什么自己会有这些烦恼和快乐”——生物的答案，可能就藏在你最熟悉的地方。

试试看，带着“好奇”而非“任务”去接触它，说不定下一次翻开课本，你会发现那些文字突然“活”了起来~🌱

图 5-40　豆包回答 – 给初中生的一句话

5.3.2 初中生物学习指南

对生物产生了一些兴趣的张丽，开始询问豆包一些生物的重点知识，她想在中考前一学期重新学好生物。她问豆包，如图 5-41 所示。

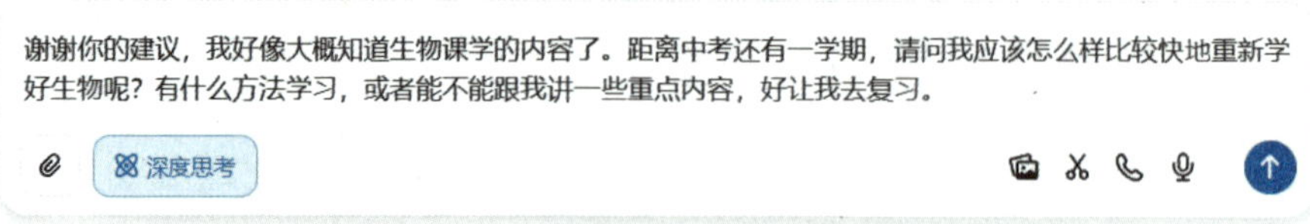

图 5-41 询问豆包学生物的方法和重点内容

豆包给出了“抓重点 + 高效复习”的策略，列出了一个核心考点（必备）与提分技巧的表格。张丽可以通过这个表格，找到需要着重复习的内容，迅速提高生物成绩。如图 5-42 所示。

距离中考还有一学期，时间完全足够通过“抓重点 + 高效复习”快速提升生物成绩！初中生物中考以基础知识点为主，只要掌握高频考点、学会梳理逻辑，短期内提分非常可行。以下是专门为你设计的“**中考生物冲刺攻略**”，包含复习方法、核心重点和提分技巧：

一、冲刺阶段的 3 个核心策略：短期提分关键

1. 用“高频考点清单”锁定复习范围（不做无用功）

初中生物中考 **80% 的分数集中在 5 大模块**，优先攻克这些内容，效率翻倍：

模块	核心考点（必背）	提分技巧
1. 细胞与生物体结构	动植物细胞结构对比（细胞壁、叶绿体、液泡）；细胞分裂、分化过程；组织 / 器官 / 系统层次	画“细胞结构对比表”，用“有无”区分动植物细胞（比如植物有细胞壁，动物没有）
2. 生物圈中的绿色植物	光合作用（公式、条件、场所）vs 呼吸作用（公式、场所、意义）；蒸腾作用的意义	把两个公式写在笔记本首页： 光合作用：CO_2+ 水→有机物 + O_2（条件：光、叶绿体） 呼吸作用：有机物 + O_2 → CO_2+ 水 + 能量（场所：线粒体）
3. 人体生理系统	消化系统（三大营养物质消化过程：淀粉→麦芽糖→葡萄糖；蛋白质→氨基酸）； 呼吸系统（肺与外界气体交换、肺泡与血液的气体交换）； 循环系统（心脏结构、体循环肺循环路径）	画“心脏结构简图”，标注左右心房 / 心室、连接的血管（左心室→主动脉，右心室→肺动脉），记“体循环供血全身，肺循环换氧气”
4. 遗传与变异	基因显隐性（用 Aa 表示，显性性状：AA 或 Aa，隐性性状：aa）； 性别遗传（生男生女概率 1∶1，父亲决定性别）； 变异类型（可遗传 vs 不可遗传）	记口诀：“无中生有是隐性”（父母无病，孩子有病，病为隐性）； 性别遗传画棋盘格，父亲 XY 产生 X/Y 精子，母亲 XX 产生 X 卵细胞
5. 生态系统	食物链写法（起点是生产者，箭头指向捕食者，例：草→兔→鹰）； 生态系统组成（生物部分 + 非生物部分，生物部分包括生产者 / 消费者 / 分解者）； 自动调节能力（生物种类越多，调节能力越强）	错题常考点：食物链中“分解者（如细菌真菌）不写入”，“能量流动单向递减，有毒物质富集”

图 5-42 豆包回答 – 高频考点清单

然后豆包根据时间设计了复习计划，一共分为三轮，每轮具体需要多长时间以及复习内容都作了详细说明。如图 5-43 所示。

2. 用“三轮复习法”高效过知识点（2-3 个月规划）

- **第 1 轮：课本扫盲（1 个月内完成）**

  ✅ 每天花 30 分钟，按模块通读课本（重点看图文结合的章节，如细胞结构、光合作用实验），用荧光笔标记“**定义类**”“**过程类**”“**对比类**”内容（例：光合作用和呼吸作用的对比表）。

  ✅ 每章课后题必做！中考题很多是课后题的变形（比如“移栽植物剪叶子”考蒸腾作用，课后题一定出现过）。

- **第 2 轮：专题突破 + 错题攻坚（20 天左右）**

  ✅ 按高频考点模块刷题（推荐近 3 年本地中考真题 + 模拟卷），每做完一套题，用表格统计错题对应的知识点（例：错“心脏结构”就标在“人体循环系统”模块下）。

  ✅ 针对反复错的点，用“**费曼学习法**”强迫自己讲清楚：比如对着镜子说“为什么生男生女概率相等？因为父亲产生 X 和 Y 精子的数量各占 50%，母亲只产生 X 卵细胞，所以 XX 和 XY 的概率各 50%”。

- **第 3 轮：真题模拟 + 查漏补缺（最后 20 天）**

  ✅ 严格按中考时间做套卷，训练答题规范（例：食物链必须从生产者开始，写“二氧化碳”不能简写“CO2”）。

  ✅ 整理“必背简答题模板”，比如：

  ▶ 为什么要在阴天移栽植物？（降低蒸腾作用，减少水分散失）

  ▶ 糖尿病患者注射胰岛素而不是口服？（胰岛素是蛋白质，口服会被消化分解失效）

图 5-43　豆包回答 - 三轮复习法

豆包还给出了三个超级好用的记忆方法，告别死记硬背，分别是口诀记忆、图像联想、对比表格。如图 5-44 所示。

3. 3 个超实用记忆技巧：告别死记硬背

- **口诀记忆法**（记易混点）：

  ✅ 显微镜操作步骤：“取镜安放→对光（三转：转换器、遮光器、反光镜）→放片→调焦（先粗后细）”，记口诀“取安对光放，粗调细找像”。

  ✅ 人体消化系统组成：“口咽食道胃，小肠大肠肛；肝胰唾液腺，消化帮大忙”（记住消化道和消化腺的组成）。

- **图像联想法**（记过程类知识）：

  ✅ 光合作用过程：想象叶绿体是“工厂”，阳光是“动力”，二氧化碳和水是“原料”，生产出“有机物（淀粉）”和“氧气（废气）”，从叶子的“气孔”排出。

  ✅ 心脏结构：把心脏想象成“上下各两个房间”，上面是心房（接静脉），下面是心室（接动脉），左心室最厚（因为要把血泵到全身，肌肉最发达）。

- **对比表格法**（记对比类知识）：

对比项	光合作用	呼吸作用
场所	叶绿体（叶肉细胞）	线粒体（所有活细胞）
条件	光（白天进行）	有光无光都能进行
原料 / 产物	吸收 CO_2，释放 O_2	吸收 O_2，释放 CO_2
实质	合成有机物，储存能量	分解有机物，释放能量

图 5-44　豆包回答 - 记忆技巧

第二部分是关于经常丢分的一些陷阱，提到了选择题、填空题、实验题的常见陷阱。如图 5-45 所示。

二、中考生物“零失误”必看细节（避开丢分陷阱）

1. 选择题常见陷阱

- ✕ 错误：“所有植物细胞都有叶绿体”（×，根尖细胞没有）
  ✅ 正确：只有 **叶肉细胞、保卫细胞** 等进行光合作用的细胞才有叶绿体。
- ✕ 错误：“病毒属于生物，有细胞结构”（×，病毒没有细胞结构，只有蛋白质外壳和内部遗传物质）
  ✅ 正确：生物中唯一没有细胞结构的是病毒，其他如细菌（单细胞）、真菌（有细胞）都有细胞结构。

2. 填空题必背“精准术语”

- 写“细胞分裂”不能写“细胞分化”（分裂是数量增多，分化是形成不同组织）；
- 写“胚珠”不能写“子房”（子房发育成果实，胚珠发育成种子）；
- 写“动脉血”（含氧多，鲜红）和“静脉血”（含氧少，暗红），不能混淆。

3. 实验题答题模板

- **对照实验设计**：必须遵循“单一变量原则”，例：探究“光对鼠妇生活的影响”，变量是“光”，其他条件（温度、湿度）必须相同。
- **实验结论表述**：从变量和结果的关系出发，例：“光照越强，幼苗生长越快”，不能写“光照对生长有影响”（太笼统）。

图 5-45　豆包回答 - 必看细节

第三部分，豆包给出了一个可供参考和可以执行的时间规划表，第四部分总结了做题的技巧与规律。如图 5-46 所示。

三、最后一学期每日学习计划（可根据时间调整）

时间段	学习内容	时长
早晨 20 分钟	背诵高频考点口诀（如遗传显隐性、光合作用公式），用卡片记易混点（如动植物细胞区别）	20 分钟
课间 10 分钟	看课本插图（如心脏结构、细胞分裂过程图），在草稿纸上默画简图	10 分钟
放学后 40 分钟	① 当天复习 1 个模块（如“生态系统”），看课本 + 做 5 道对应真题； ② 整理错题到笔记本（只记知识点，不抄题）	40 分钟
周末 2 小时	① 做 1 套模拟卷，限时 50 分钟（中考生物一般 60 分钟）； ② 用红笔标注错题，对照“高频考点清单”查漏	2 小时

四、给你的一句话：生物中考是“套路型考试”，抓住规律就能赢

初中生物不考复杂计算，只考“能不能记住核心概念 + 会不会用课本原话答题”。最后一学期，别贪心求全，就盯着高频考点反复磨 —— 课本读 3 遍，真题做 5 套，错题看 10 遍，分数一定能上来！

如果遇到具体知识点卡壳（比如遗传题不会画棋盘格），随时回来问我，我们可以针对性突破！加油，你完全有能力逆袭生物，中考必胜！🚀

图 5-46　豆包回答 - 学习计划和做题技巧

5.4 化学：AI 点亮化学世界

5.4.1 化学的奥秘

情景再现：王阳刚读完初二，他想在放暑假之前提前了解化学这门新开的学科，想要知道化学在研究什么？于是他问豆包，如图 5-47 所示。

豆包你好，我初二刚读完，下学期初三，听说会有化学这门科目。你能帮我讲一下这门课会有什么内容吗？我能怎样学好化学呢？

深度思考

图 5-47 询问豆包

第一部分，豆包提供了初三化学的主要学习内容：物质的组成与结构（微观视角）、常见物质的性质与变化（宏观现象）、化学反应的规律与表示（化学用语）、化学实验与科学探究，如图 5-48 所示。

你好呀！初三的化学是一门充满趣味和挑战的学科，既有贴近生活的现象，也有需要理解的微观世界和规律。结合你的情况，我来详细说说学习内容和方法，帮你提前做好准备～

一、初三化学主要学什么？

初中化学以"打基础"为主，内容可以分为 **"宏观现象""微观本质""化学用语""实验探究"** 四大模块，具体包括：

1. 物质的组成与结构（微观视角）

- 认识 **元素**（如氧、碳、氢等，记住前 20 号元素的符号和名称很重要！）、**分子、原子、离子**（物质由这些微观粒子构成）。
- 理解"物质分类"：纯净物（单质 vs 化合物）、混合物，比如水是化合物，空气是混合物。

2. 常见物质的性质与变化（宏观现象）

- **空气与氧气**：氧气的性质（助燃性）、实验室制取方法（加热高锰酸钾或用过氧化氢溶液）、燃烧与氧化反应。
- **水与溶液**：水的组成（电解水实验）、净化方法（过滤、蒸馏）、溶解现象、饱和溶液与溶解度。
- **碳和碳的化合物**：金刚石 / 石墨 / 活性炭的性质差异（结构决定性质！）、二氧化碳的制取与性质（能使澄清石灰水变浑浊）、一氧化碳的毒性。
- **金属**：金属活动性顺序（如铁比铜活泼）、金属与酸 / 盐的反应（比如铁和硫酸铜反应置换出铜）。

3. 化学反应的规律与表示（化学用语）

- **化学方程式**：用化学式表示反应（如 $2H_2O$通电$2H_2\uparrow+O_2\uparrow$），要学会配平和理解"质量守恒定律"（反应前后原子种类和数目不变）。

图 5-48

- **反应类型**：化合反应（A+B→AB，如碳燃烧生成 CO_2）、分解反应（AB→A+B，如水电解）、置换反应（A+BC→AC+B，如铁置换铜）。

4. 化学实验与科学探究

- **基本操作**：药品取用（固体 / 液体）、加热、仪器使用（试管、酒精灯、量筒等）、气密性检查。
- **探究实验**：比如“探究燃烧的条件”“二氧化碳的性质实验”，通过实验观察现象、分析原因、得出结论。

图 5-48　豆包回答 - 初三化学主要内容

第二部分，豆包分享了五个学好化学的实用方法，如图 5-49 所示。这些方法其实和之前提到的科目的学习方法非常类似。大家如果有心留意过，应该还记得。比如从现实中培养兴趣、理解概念、梳理分析知识点等。这说明，虽然各学科的知识点很不一样，但是中学生学好各门科目的学习方法是有很强的共通性的。这也就能解释，为什么班上总有一些各个科目都学得很不错的学生，因为他们掌握了学习的方法，更换了科目，学习也不在话下。

二、如何学好初三化学？5 个实用方法分享~

1. 先培养兴趣，贴近生活观察

- 化学就在身边！比如：
  - 为什么铁会生锈？（铁与氧气、水反应）
  - 蒸馒头加小苏打为什么会蓬松？（碳酸氢钠受热分解产生二氧化碳）
- 多问“为什么”，用化学解释现象，会觉得学习更有意义~

2. 吃透基础概念，拒绝“死记硬背”

- **微观概念**（分子、原子）：刚开始可能抽象，可以借助模型（如用小球代表原子，拼出分子结构）或动画理解。
- **化学用语**（元素符号、化学式、方程式）：每天记 5-10 个元素符号（像背英语单词一样反复巩固），方程式先理解反应原理（如“反应物→生成物”的逻辑），再记忆配平技巧（比如“奇偶法”“观察法”）。
- **误区提醒**：不要一开始就死记硬背方程式，先理解“物质怎么变”（如燃烧反应一般需要氧气，产物常含二氧化碳或水），再动笔写。

3. 重视实验，掌握“观察 + 思考”技巧

- **实验前**：明确实验目的（比如“是制取气体？还是探究性质？”）、记住仪器名称和操作步骤（如加热时试管口不能对着人）。
- **实验中**：仔细观察 **“变化过程”**（颜色、状态、是否有气泡 / 沉淀、是否放热），比如镁条燃烧时“剧烈燃烧、发出白光、生成白色固体”，这些细节是答题关键。
- **实验后**：思考“为什么出现这种现象？”“如何用学过的知识解释？”，比如“二氧化碳通入石蕊溶液变红”，是因为 CO_2 与水反应生成碳酸，碳酸使石蕊变色。

4. 分类整理，建立“知识网络”

- **物质性质**：按“氧气、二氧化碳、水、金属”等物质，整理它们的“物理性质（颜色、状态、溶解性）+ 化学性质（能与哪些物质反应）+ 用途”。
- **反应规律**：比如“酸的通性”（酸能与金属、金属氧化物、碱、盐反应）、“复分解反应条件”（生成物要有水、气体或沉淀），用表格或思维导图归纳，避免零散记忆。
- **易错点**：比如“点燃 vs 加热”（条件不同）、“烟 vs 雾”（烟是固体小颗粒，雾是液体小液滴），专门记在笔记本上，考前重点看。

5. 多练习 + 善总结，避开“一听就会，一做就错”

- **基础题**：课本例题和课后习题必须吃透（比如根据化学方程式计算质量，步骤要规范：设未知数→写方程式→列比例式→求解）。
- **推断题 / 实验题**：这类题较难，关键是找“突破口”，比如“一种能使澄清石灰水变浑浊的气体是 CO_2”“红色固体可能是铜或氧化铁”，通过刷题积累常见“题眼”。
- **错题本**：把错误原因写清楚（是概念混淆？还是计算失误？），比如“把‘元素’和‘原子’混用”，下次遇到类似题就会注意。

图 5-49　豆包回答 -5 个实用方法

最后是豆包给我们的一些温馨提示和小鼓励，如图 5-50 所示。

三、给新初三生的小提醒

- **心态上**：化学是“理科中的文科”，既有需要理解的逻辑（如质量守恒定律），也有需要记忆的基础（如元素符号），前期可能觉得“知识点多”，但坚持按模块整理，后期会越来越顺~
- **工具推荐**：可以找一些趣味科普视频（如“疯狂化学实验”）、动画讲解分子原子，帮助理解微观世界；也可以用卡片记元素符号，随时拿出来抽背。

刚开始学化学时，只要跟着老师的节奏，多观察、多思考、多动手，你会发现这门学科不仅有趣，还能让你看懂生活中很多“神奇现象”的本质~ 加油，期待你初三的化学之旅顺顺利利！如果之后遇到具体问题，随时可以问我哦~ 😊

图 5-50　豆包回答 - 温馨提示

5.4.2　生活中的化学

王阳经常听爸爸说化学非常实用，能解释很多生活中神奇的现象，王阳这一次想要知道爸爸口中说的生活中的化学现象到底是什么。于是他问豆包，如图 5-51 所示。

我听我爸说，生活中也有很多化学现象。你能跟我讲讲这些现象吗？

深度思考

图 5-51　询问豆包生活中的化学现象

豆包给出了一个我们家里都有的一个化学反应场地，但大部分人并不会察觉，那就是厨房。比如煮饭、炖肉、做面包这些过程都有大量的化学反应产生。烧水壶中水垢的形成和除水垢也都是化学反应。如图 5-52 所示。

生活中许多关于“去污”清洁的方法也是化学反应，也有可能是物理或者生物反应，因为我们的物质世界是多样复杂的，许多时候，并不是仅仅只发生一种反应。如图 5-53 所示。

当然可以！生活中的化学现象无处不在，很多你习以为常的“小事”背后都藏着化学原理～结合初三化学会学到的知识，我举一些贴近生活的例子，帮你提前建立“化学思维”吧！

一、厨房中的“化学反应实验室”

1. 煮饭炒菜：食物的“变身”

- **米饭变甜：唾液淀粉酶的“魔法”**
  米饭咀嚼久了会有甜味，因为唾液中的淀粉酶把大米中的淀粉（复杂糖类）分解成了麦芽糖（小分子甜味糖），这是 **化学变化**（生成新物质）。
- **炖肉加醋：让肉更软嫩**
  醋中的醋酸能与肉类中的蛋白质、脂肪发生反应，破坏肉的纤维结构，同时帮助分解骨头中的钙，让汤更有营养 —— 这是 **酸的化学性质**（酸能与蛋白质、金属氧化物等反应）。
- **面包 / 蛋糕蓬松：小苏打和泡打粉的“产气”反应**
  小苏打（碳酸氢钠，$NaHCO_3$）遇热或遇酸会分解，产生二氧化碳气体（$2NaHCO_3 \triangle Na_2CO_3 + CO_2\uparrow + H_2O$），这些气泡让面食内部形成小孔，变得松软 —— 这是 **分解反应**。

2. 水垢与除垢：酸碱中和的应用

- 烧水壶用久了会结水垢（主要成分是碳酸钙 $CaCO_3$ 和氢氧化镁 $Mg(OH)_2$），加入白醋（含醋酸 CH_3COOH）后，醋酸会与水垢反应：
  $CaCO_3 + 2CH_3COOH \rightarrow (CH_3COO)_2Ca + CO_2\uparrow + H_2O$
  产生的二氧化碳气泡和可溶于水的物质让水垢逐渐溶解 —— 这是 **酸与盐、碱的反应**（初三会学到“复分解反应”条件：生成物要有气体或水）。

图 5-52　豆包回答 - 厨房中的化学反应

二、清洁与洗涤：化学帮你“去污”

1. 肥皂 / 洗洁精去油污：乳化作用

- 油污不溶于水，但肥皂、洗洁精的分子一端“亲水”（溶于水），一端“亲油”（溶于油），能把大油滴分散成小油珠，随水冲走 —— 这是 **物理变化**（没有生成新物质，只是油的存在状态改变），但属于化学中的“表面活性剂”知识。

2. 84 消毒液杀菌：强氧化性的威力

- 84 消毒液含次氯酸钠（$NaClO$），能释放出具有强氧化性的次氯酸（$HClO$），破坏细菌、病毒的蛋白质结构，使其失去活性 —— 这是 **氧化反应**（初三会学“物质与氧发生的反应叫氧化反应”）。

3. 铁锈与除锈：金属的氧化与还原

- 铁制品生锈（生成红棕色的铁锈 Fe_2O_3），是铁与空气中的氧气、水共同反应的结果（$4Fe + 3O_2 + 2H_2O \rightarrow 2Fe_2O_3\cdot H_2O$），属于 **缓慢氧化**（放热但不发光）。
- 用稀盐酸除锈时，盐酸与铁锈反应：$Fe_2O_3 + 6HCl \rightarrow 2FeCl_3 + 3H_2O$，铁锈溶解，溶液变黄色 —— 这是 **酸与金属氧化物的反应。**

图 5-53　豆包回答 - 清洁与洗涤时的化学反应

同时，豆包从自然与人体两个方面，举例说明了一些常见的化学反应，比如植物的光合作用，这虽然是生物知识，但也是化学反应。怎么样？学科交叉好玩吧。许多情况下，学科就是会很自然地交叉。还有苹果或土豆切开会变色，也是因为发生了化学（氧化）反应；还有胃酸与胃药就发生了（酸碱）化学反应。当然，这些反应中，也伴随着物理和生物反应，如果感兴趣，可以在这个地方继续追问豆包。如图 5-54 所示。

三、自然与人体：无处不在的化学

1. 植物光合作用："吞二氧化碳吐氧气"

- 植物通过叶绿体，将二氧化碳和水在光照下转化为葡萄糖（$C_6H_{12}O_6$）和氧气（$6CO_2 + 6H_2O$ 光照 叶绿体 $C_6H_{12}O_6 + 6O_2$），这是地球上最重要的 **化学反应** 之一，维持了大气中氧气和二氧化碳的平衡 —— 初三会学"光合作用是分解反应吗？"（其实是复杂的合成反应，不属于基本反应类型）。

2. 苹果 / 土豆切开变色：氧化反应的"痕迹"

- 苹果、土豆切开后暴露在空气中，其中的多酚类物质会与氧气反应，生成深褐色的物质，这叫"酶促氧化"—— 和铁生锈类似，都是物质与氧气发生的 **氧化反应**，但速度更快（可滴柠檬汁防止变色，因为维生素 C 能减缓氧化）。

3. 胃酸与胃药：酸碱中和保健康

- 胃酸过多时会烧心，胃药（如氢氧化铝 $Al(OH)_3$）能中和胃酸（主要成分盐酸 HCl）：$Al(OH)_3 + 3HCl \rightarrow AlCl_3 + 3H_2O$，缓解不适 —— 这是典型的 **酸碱中和反应**（初三重点：酸 + 碱→盐 + 水）。

图 5-54　豆包回答 – 无处不在的化学

除了以上的化学反应，还有烟花爆炸、汽水冒泡、蜡烛燃烧等，都属于很常见很经典的化学反应，别小瞧了它们，虽然很常见，但许多化学反应，我们高中化学都不一定能解释得了，有些需要大学以上的化学知识，有些化学反应甚至至今还在攻克之中。如图 5-55 所示。

四、其他有趣现象：用化学眼光看世界

1. 烟花绚烂：金属的"焰色反应"

- 烟花中的不同金属粉末（如钠 - 黄色、铜 - 绿色、钾 - 紫色）在燃烧时会发出特定颜色的光，这是因为金属原子受热后电子跃迁释放能量，形成"焰色反应"—— 虽然是物理变化，但常用于化学中检验金属离子（初三会简单了解，高中会深入）。

2. 汽水"冒气泡"：气体溶解度的变化

- 打开汽水瓶时，压强减小，溶解的二氧化碳（CO_2）溶解度降低，大量气泡冒出 —— 这是 **物理变化**，但二氧化碳溶于水时会生成少量碳酸（H_2CO_3），所以汽水有点酸味（$CO_2 + H_2O \rightleftharpoons H_2CO_3$），属于 **化学变化**。

图 5-55

3. 蜡烛燃烧：同时有"物理 + 化学变化"

- 蜡烛燃烧时，石蜡先融化（物理变化），然后蒸气燃烧生成二氧化碳和水（石蜡 + 氧气 点燃 二氧化碳 + 水），并放出热量、发光 —— 这是典型的 **化学变化**，同时伴随物理状态的改变。

小思考：如何用化学思维观察生活？

下次遇到现象时，试试问自己：

1. **有没有新物质生成？**（判断是物理变化还是化学变化）
2. **涉及哪种物质的性质？**（比如酸碱性、氧化性、可燃性）
3. **可能属于哪种反应类型？**（化合、分解、置换……）

比如"铁生锈"：有新物质铁锈（化学变化），涉及铁的"还原性"（能与氧气反应），属于 **化合反应**（多种物质生成一种）。

生活中的化学就像一个"大课堂"，学好化学不仅能解释现象，还能让你更安全地使用物品（比如知道洁厕灵和84 消毒液不能混用，因为会产生有毒氯气）。保持好奇心，你会发现化学真的"无处不在"~ 🌟

图 5-55　豆包回答－其他有趣现象

ARTIFICIAL INTELLIGENCE

第 6 章

音乐美术全能多媒体教室：即梦 AI

欢迎来到数字创意的奇妙世界！在这一章中，我们将探索即梦 AI 这个强大的创作工具，它能够帮助你将脑海中的想法变成精彩的图像和动听的音乐。无论你对绘画感兴趣，还是对音乐充满热情，或者想要尝试多媒体创作，即梦 AI 都能成为你的得力助手。不需要专业的美术或音乐基础，只要有创意和想象力，你就能创作出令人惊叹的作品。让我们一起踏上这段数字艺术之旅，发现 AI 创作的无限可能！

在正式介绍即梦 AI 的用法之前，我们需要了解一下背景故事。即梦 AI、豆包 AI 都是字节跳动旗下的 AI 产品，只不过他们的功能略有区别。即梦 AI 的主要功能是处理生成视频、图像、音乐，而豆包 AI 是对话式 AI 工具。

6.1 AI 创作原理：揭秘数字艺术魔法

6.1.1 AI如何理解我们的创意想法

即梦 AI 就像一个非常聪明的艺术助手，能够理解我们描述的创意并将其变成图像或音乐。但它是如何做到的呢？

图 6-1 AI 合并素材

首先，即梦 AI 通过“学习”大量的图片和文字配对来理解世界。它看过数百万张图片，每张图片都有描述文字。比如它看过很多“蓝天白云下的绿色草地”的图片，所以当你输入这些词时，它就知道应该画出什么样子。

这种学习方式叫作“深度学习”。就像你通过看很多例子来学习画画一样，AI 也是通过观察海量的例子来学习创作的。不同的是，AI 使用数学方法来“记住”这些例子中的规律和特点。

当你输入一段描述时，即梦 AI 会寻找与这段描述最相关的视觉元素。比如，如果你描述“一只戴着墨镜的橘猫戴着围巾和毛绒耳罩，站在雪地上微笑自拍，背后是连绵的雪山。它的背包里探出一只小黄鸭玩偶”，AI 会找出“橘猫”“墨镜”“毛绒耳罩”和“雪地”这些关键词对应的视觉特征，然后将它们组合成一幅完整的图像，如图 6-1 所示。

对于中学生来说，可以把这个过程想象成你有一个特别聪明的朋友，这个朋友虽然不能亲眼看到你脑海中的想法，但能通过你的文字描述来猜测并画出接近你想象的图画。

6.1.2 从文字到艺术：提示词的魔力

提示词就是你告诉即梦 AI 的指令，它决定了 AI 创作出的作品是什么样子。好的提示词就像一把神奇的钥匙，能够准确地打开你想象的大门。

提示词的魔力在于它的具体性和描述性。越具体的提示词，AI 创作出的作品就越接近你的想象。比如，“一朵花”这个提示词太简单，AI 可能会创作出任何花。但如果你说“一朵盛开的红色玫瑰，带着晨露，在柔和的阳光下闪闪发光”，AI 就能更准确地理解你想要的效果。

基本提示词结构通常包括主体、环境、风格、氛围、细节、视角、光线。

结构化提示词非常重要，就像搭积木需要明确的图纸一样，结构化提示词能让 AI 更精准地“看见”你的想象。

（1）主体：画面的核心灵魂

主体是作品的焦点，就像故事的主角，如果只说“一只猫”，AI 可能画出橘猫、黑猫甚至卡通猫。但若描述“一只银渐层短毛猫，眼睛像琥珀，尾巴尖有一撮白毛”，AI 就能还原你心中的独特形象。如图 6-2、图 6-3 所示。

图 6-2 “一只猫”的生成结果

图 6-3 “一只银渐层短毛猫，眼睛像琥珀，尾巴尖有一撮白毛”的生成结果

想画《哈利·波特》中的海德薇？试试输入提示词“一只雪白的猫头鹰，金色喙尖，翅膀展开时羽毛边缘泛着月光”，如图 6-4 所示。

图 6-4 “一只雪白的猫头鹰，金色喙尖，翅膀展开时羽毛边缘泛着月光”的生成结果

（2）环境：构建世界的画布

环境决定了场景的氛围和逻辑。比如“教室”可以是阳光洒满课桌的午后，也可以是堆满实验仪器的化学实验室。

可以用“五感法”补充细节。例如：“雨后森林（嗅觉：泥土清香；听觉：鸟鸣清脆；触觉：苔藓湿润）”。如图 6-5、图 6-6 所示。

图 6-5 “雨后森林”的生成结果

图 6-6 加入五感之后的提示词的生成结果

（3）风格：艺术的“滤镜”

风格是作品的“皮肤”。比如“水彩”风格会呈现柔和的笔触，而“赛博朋

克”风格则充满霓虹与机械感。

将同一主体（如“未来城市”）分别用“水墨古风”和“3D 科幻”风格生成，对比效果差异，如图 6-7、图 6-8 所示。

图 6-7　未来城市的水墨古风风格

图 6-8　未来城市的 3D 科幻风格

（4）氛围：情绪放大器

氛围是画面的“背景音乐”。比如“暴雨中的灯塔”可能传递孤独感，而“篝火旁的笑脸”则充满温暖。

试试用色彩词汇强化氛围，比如“紫色暮光笼罩废弃游乐园，锈蚀的摩天轮投下扭曲阴影”。效果如图 6-9 所示。

图 6-9　强化氛围后的场景

（5）细节：让虚构变真实

细节是说服力的关键。比如“旧书”不如“封面烫金脱落、内页有咖啡渍的 19 世纪拉丁文典籍”生动。

进阶技巧：加入动态元素，如“被风吹起的围巾末端系着铃铛”，如图 6-10 所示。

图 6-10　图片生成效果

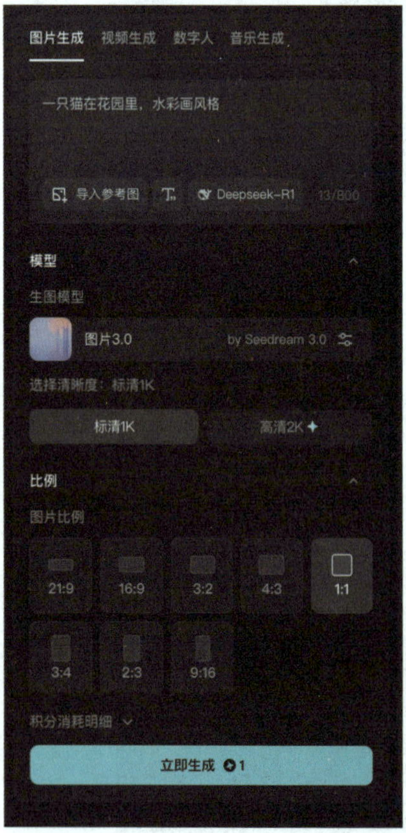

图 6-11　输入模糊提示词

（6）视角：观众的“眼睛位置”

视角改变叙事。俯视能展现场景全貌（适合宏伟建筑），仰视则凸显主体压迫感（如巨人视角）。

实践：为“魔法少女对战巨龙”设计两个版本——平视视角（展现动作细节）和航拍视角（表现战场规模）。

（7）光线：无形的雕塑刀

光线塑造立体感与情绪。侧光能突出面部轮廓，逆光可营造神秘剪影。

实践：对比“正午烈日下的沙漠”和“夕阳斜照的沙漠”，体会光线如何改变画面温度。

（8）案例：创作一幅奇幻场景

现在，让我们学习使用结构化提示词创作一幅奇幻场景。例如，一个完整的提示词可能是：“一只橙色的小猫在阳光明媚的花园里玩耍，水彩画风格，温馨愉快的氛围，高清细节”。

① 模糊提示词：“一只猫在花园里，水彩画风格”，如图 6-11 所示，效果如图 6-12 所示。

图 6-12　模糊提示词生成效果

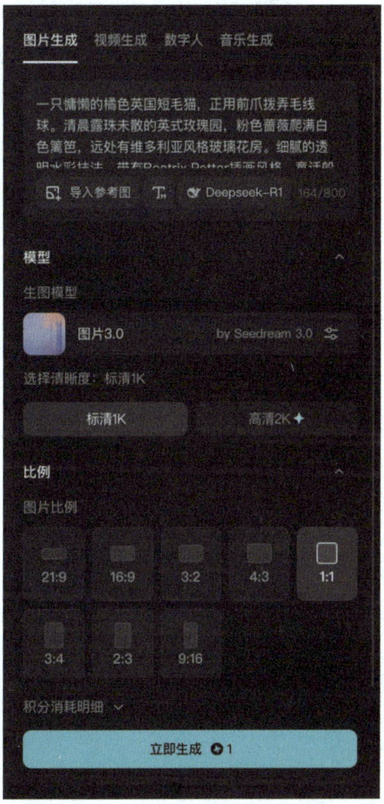

图 6-13　输入具体提示词

使用模糊提示词生成的画面具有以下特点：

- 构图：普通蹲坐猫咪剪影。
- 背景：模糊的绿色色块。
- 细节：缺乏毛发纹理和光影层次。
- 色彩：平涂式水彩，缺少笔触变化。

② 具体提示词（图 6-13）

- 主体：一只慵懒的橘色英国短毛猫，正用前爪拨弄毛线球。
- 环境：清晨露珠未散的英式玫瑰园，粉色蔷薇爬满白色篱笆，远处有维多利亚风格玻璃花房。
- 风格：细腻的透明水彩技法，带有 Beatrix Potter 插画风格。
- 氛围：童话般的梦幻感，晨光透过树叶形成丁达尔效应。
- 细节：猫须清晰可见，毛线球散开成心形轨迹，花瓣飘落在猫耳上。
- 视角：45 度俯视视角。
- 光线：柔和的逆光效果，营造光晕边缘。

效果如图 6-14 所示。

使用具体提示词生成的画面具有以下特点：

- 构图：动态的玩耍姿态，画面有纵深空间感。
- 背景：建筑细节与植物品种可辨识。
- 细节：每根胡须的透明质感，毛线轨迹符合物理运动规律。
- 色彩：多层罩染形成的通透光影，晨雾效果逼真。

对于中学生创作者来说，学习编写好的提示词就像学习一门新的语言，需要不断练习。可以从简单的提示词开始，然后逐渐添加更多细节和描述，观察 AI 创作结果的变化。这样不仅能提高 AI 创作的质量，也能锻炼自己的表达能力和想象力。

图 6-14　具体提示词生成效果

记住，即梦 AI 是你的创作伙伴，而提示词就是你们之间沟通的桥梁。掌握了提示词的魔力，你就能更好地引导 AI 实现你的创意想法。

课后小任务：越具体的描述，越能激发 AI 的创造力！试着为你最爱的动漫角色设计结构化提示词，看看 AI 能否“克隆”出你心中的形象。

6.2 美术基础：色彩与构图的秘密

你是否想过，为什么有些照片或画作能瞬间抓住你的眼球，而有些却让人感觉平淡无奇？答案可能藏在色彩与构图的魔法里！无论是用 AI 生成图像，还是自己动手创作，掌握这两大核心技能，都能让你的作品从“普通”跃升为“惊艳”。本章将带你解锁色彩搭配的奥秘，避开常见误区，并通过经典案例感受艺术的魅力。

6.2.1 色彩搭配：让画面更加生动

6.2.1.1 色彩的作用

① 吸引注意力：对比强烈的色彩（如红与蓝）能瞬间抓住观众眼球。例如，一张以蓝天为背景的橙色热气球照片，色彩碰撞会让主体更突出，如图 6-15 所示。

② 传递情绪：暖色调（红、黄）让人感到温暖活力，冷色调（蓝、绿）则带来宁静或神秘感。比如梵高的《星月夜》用深蓝与漩涡状黄色星光，传递出躁动与希望交织的情绪，如图 6-16 所示。

图 6–15 色彩吸引注意力

图 6–16 梵高的《星月夜》

③ 导入视觉焦点：通过色彩的明暗对比，可以引导观众视线，例如，在黑白背景中加入一抹亮红色，视线会自然聚焦于红色区域。如图 6-17 所示。

6.2.1.2 常见错误与案例

① 色彩过于杂乱：使用过多高饱和度颜色，导致画面刺眼。

② 对比度不足：主体与背景颜色相近，画面平淡。

③ 忽略光线影响：同一颜色在不同光线下表现不同。

6.2.1.3 优秀的艺术作品参考

①《蒙娜丽莎》（达·芬奇）：柔和的“渐隐法”让肤色与背景自然过渡，神秘微笑因色彩层次更显生动，如图 6-18 所示。

②《格尔尼卡》（毕加索）：黑白灰压抑色调，破碎的人体与象征符号控诉战争残酷，如图 6-19 所示。

6.2.1.4 小练习

尝试用 AI 工具生成一张图，提示词如下所示。

① 主题：夏日海滩。

② 色彩要求：用冷色调（蓝、绿）表现海水，暖色调（橙、黄）突出夕阳，并加入少量白色浪花作为点缀。

图 6-17 黑白背景与红色主体物

图 6-18 《蒙娜丽莎》

图 6-19 《格尔尼卡》

观察 AI 如何平衡对比与和谐，再调整参数，感受色彩变化对情绪的影响，如图 6-20 所示。

图 6-20 范例参考

6.2.2 构图技巧：打造平衡有趣的画面

6.2.2.1 三分法：平衡与张力的黄金分割

- 原理：将画面横向或纵向三等分，形成九宫格，主体置于交叉点或分割线上，避免视觉重心偏移。

- 绘画案例：梵高《星月夜》，如图 6-21 所示。

画面被横向三等分，下半部分的村庄与教堂占据三分之一，上半部分的漩涡状星空占三分之二。柏树的垂直线条贯穿中央交叉点，既平衡了动荡的天空，又成为视觉焦点。这种构图在稳定与动态之间形成张力，体现了梵高对自然的主观情感投射。

图 6-21　梵高的《星月夜》

6.2.2.2　对称构图：秩序与仪式感的镜像美学

- 原理：通过对称轴或中心点使画面左右或上下完全对称，强化稳定、庄严的视觉效果。
- 绘画案例：达・芬奇《最后的晚餐》，如图 6-22 所示。

画面以耶稣为中心，12 门徒对称分布两侧，背景的拱顶与窗户强化了中轴线。对称构图不仅营造了宗教仪式的神圣感，还通过人物表情的细微差异暗示戏剧冲突——耶稣平静的手势与门徒们的惊愕形成对比，在秩序中暗藏叙事张力。

图 6-22　达・芬奇《最后的晚餐》

6.2.2.3　三角形构图：稳定与动态的平衡

- 原理：将主体置于三角形结构中，正三角形象征稳定，倒三角形暗示动感。

- 案例：塞尚《玩牌者》，如图 6-23 所示。

三个玩牌者的身体构成稳固的正三角形，人物头部的倾斜与手部动作形成内部动态。塞尚通过简化人物表情、强化几何形体（如纸牌的矩形、桌面的直线），将观众注意力引向“专注”这一核心主题。这种构图适合中学生理解“秩序与变化”的辩证关系，同时避免复杂叙事带来的理解障碍。

6.2.2.4 框架构图：聚焦与层次的视觉嵌套

- 原理：利用门框、窗户、树枝等前景元素框住主体，增强画面纵深感与聚焦效果。
- 绘画案例：柯罗《蒙特枫丹的回忆》，如图 6-24 所示。

画面中，前景的老树枝干自然垂落，与左侧的小树形成不对称的 *L* 形框架，框住远处的湖泊与森林。柯罗通过细腻的笔触将框架内的景物处理得朦胧而柔和，湖水的倒影与天空的云气融为一体，营造出晨雾未散的诗意氛围。这种框架构图不仅引导视线聚焦于宁静的湖面，更通过前景深色的树干与背景明亮的天光形成明暗对比，强化了空间层次。柯罗将对自然的记忆升华为理想化的视觉寓言，其构图逻辑对印象派画家（如莫奈）产生了直接影响。

图 6-23 塞尚《玩牌者》

图 6-24 柯罗《蒙特枫丹的回忆》

6.3 AI 图像创作：用即梦 AI 绘制你的想象

情景再现：子轩同学的美术老师在课上布置了一个作业，提出画一个暑假的生活，风格自定。

6.3.1 全能豆包美术老师“上线”

遇到这种情况，其实我们也可以与豆包“老师”谈谈，首先和豆包交流这个美术话题，问问它需要什么工具画。也可以让豆包生成一张参考图，激发我们的创作灵感。如图 6-25 所示。

美术课上，老师提出画一个暑假的生活，风格自定。这个美术话题有什么合适的题材，需要使用什么工具画画?

分享 …

图 6-25 询问豆包

豆包给出了 5 个合适的题材，比如旅游风景、家庭聚会、运动场景等，并且它还描述了每个题材里面可以画什么内容，如图 6-26 所示。

以下是一些适合“暑假的生活”这一美术话题的题材以及绘画工具建议:

合适的题材

- **旅行风景**：可以画暑假去旅行时看到的美丽风景，比如山川、大海、草原等。例如画一幅在海边看日落的场景，金色的阳光洒在海面上，沙滩上有脚印和贝壳，远处有帆船。
- **家庭聚会**：描绘暑假里家庭聚餐或者一起庆祝节日的场景，突出家人之间的亲密和欢乐氛围。比如画一家人围坐在餐桌旁，桌上摆满美食，大家脸上洋溢着幸福的笑容。
- **运动场景**：如果在暑假参加了一些运动，如篮球比赛、游泳等，就可以选取这些场景来画。以篮球比赛为例，画面中可以展现球员们在球场上奔跑、投篮的瞬间，旁边有欢呼的观众。
- **阅读时光**：画自己在暑假的午后，坐在窗边阅读一本好书的情景。阳光透过窗户洒在书页上，旁边放着一杯果汁，营造出安静惬意的氛围。
- **夏日活动**：如参加夏日音乐节、逛夜市等。以夜市为例，画面中可以有热闹的摊位，各种特色小吃和手工艺品，人们在熙熙攘攘的人群中穿梭。

图 6-26 豆包回答 - 合适题材

关于绘画工具，豆包也给我们推荐了常用的几种：铅笔、水彩颜料、油画颜料、彩铅、马克笔，这几种工具的作用与用法，豆包也详细地说明了。更厉害的是，豆包还在最后推荐了一些更为特殊的工具，或许我们能尝试一番，创作不一样效果的作品。如图 6-27 所示。

接下来，我们让豆包生成一些“提示词”，借助“即梦 AI”的力量，让它来打开我们的脑洞，这些提示词生成以后，可以直接复制到即梦中，让它来生成画面。如图 6-28 所示。

绘画工具

- **铅笔**：用于起草稿，方便修改和调整画面构图。可以选择 2B、4B 等不同硬度的铅笔，4B 铅笔颜色较深，适合画暗部和阴影，2B 铅笔则相对较硬，适合勾勒轮廓和细节。
- **水彩颜料**：色彩鲜艳、透明，适合表现清新、明亮的画面效果，很适合用来画风景、人物等题材。可以搭配水彩纸使用，水彩纸吸水性好，能让颜料更好地附着和扩散。
- **油画颜料**：覆盖力强，色彩丰富且有质感，能表现出厚重的画面效果。如果想要画一些具有立体感和质感的场景，如油画般的海滩风景，油画颜料是不错的选择。需要准备油画布或油画纸，以及调色油、画笔等工具。
- **彩铅**：分为水溶性彩铅和油性彩铅。水溶性彩铅可以在画完后用毛笔蘸水涂抹，使颜色融合和扩散，产生类似水彩的效果；油性彩铅颜色鲜艳，不易褪色，适合绘制细节和进行深入刻画。可以在素描纸或彩铅专用纸上作画。
- **马克笔**：颜色鲜艳，上色速度快，适合表现现代感和时尚感较强的画面。比如画城市夜景、时尚的人物等题材时，马克笔能快速营造出独特的氛围。一般使用马克笔专用纸，其表面光滑，能让马克笔的颜色更好地呈现。

当然，你也可以根据自己的绘画风格和喜好选择其他工具，如炭笔、蜡笔、 gouache（水粉）等，还可以尝试将不同的工具结合使用，创造出独特的画面效果。

图 6-27　豆包回答 – 绘画工具

帮我根据这些题材和绘画工具创作一些作品

由于我暂时无法直接为你创作绘画作品，不过我可以用文字为你描述几幅基于上述题材和工具创作的作品，你可以根据描述去进行实际的创作，希望能给你带来启发：

作品一：夏日海边旅行（水彩画）

画面主体是一片广阔的蓝色大海，使用深浅不同的蓝色水彩颜料表现出大海的层次感和光影变化。海面上有几艘白色的帆船，用较淡的蓝色和白色绘制，突出帆船在阳光下的明亮感。画面右侧是一片金黄色的沙滩，沙滩上有几只五颜六色的遮阳伞，用鲜艳的色彩绘制，增加画面的活力。沙滩上还有几个孩子在堆沙堡，他们的衣服颜色鲜艳，与沙滩和大海形成对比。远处的天空呈现出淡紫色和橙色的渐变，暗示着傍晚时分，天空中飘着几朵白色的云彩。整个画面给人一种宁静而又充满活力的感觉，展现了暑假在海边旅行的美好时光。

作品二：家庭烧烤聚会（油画）

在画面中央是一个烧烤架，上面摆放着各种食物，如鸡翅、玉米、香肠等，用油画颜料厚重的质感表现出食物的色泽和立体感。烧烤架旁边站着一位父亲，他穿着白色的围裙，正专注地翻转着食物，脸上带着微笑。母亲则坐在一旁的椅子上，手里拿着一杯果汁，温柔地看着父亲和孩子们。两个孩子在画面的左侧玩耍，一个孩子手里拿着一个气球，另一个孩子则在追逐着一只蝴蝶。背景是一片绿色的草地，草地上有一些五颜六色的花朵，用鲜艳的油画颜料绘制，增加画面的色彩丰富度。远处有一[illegible]，树冠茂密，给人一种凉爽的感觉。整个画面充满了温馨和欢乐的氛围，展现了家庭聚会的幸福时刻。

作品三：篮球场上的拼搏（马克笔画）

画面中心是一名正在投篮的篮球运动员，他穿着红色的球衣，身体跃起，双手举着篮球，做出投篮的动作。用马克笔鲜艳的红色和黑色表现出运动员的球衣和肌肉线条，突出他的力量感和动感。在他周围有几名对手，分别穿着不同颜色的球衣，用不同颜色的马克笔绘制，表现出比赛的激烈程度。背景是一个篮球场，地面是绿色的，篮筐是黄色的，用马克笔快速平涂的方式绘制，营造出简洁明快的画面效果。观众席上有一些观众，他们挥舞着手中的旗帜，为球员们加油助威，用简单的线条和色彩表现出观众的热情。整个画面充满了动感和活力，展现了暑假里篮球运动的激情。

作品四：午后阅读时光（彩铅画）

画面中一个人坐在窗边的椅子上，穿着一件宽松的白色衬衫，手里拿着一本打开的书，正在专注地阅读。用彩铅细腻的笔触描绘出人物的头发、衣服的纹理和书本的细节。窗户旁边有一盆绿色的植物，用绿色的彩铅绘制出叶子的形状和颜色，表现出植物的生机。窗外的阳光透过窗户洒在人物的身上和书本上，用黄色和橙色的彩铅表现出阳光的温暖和柔和。画面的背景是一面浅色的墙壁，上面挂着一幅画，用简单的线条和色彩表现出画的轮廓和内容。整个画面给人一种安静、舒适的感觉，展现了暑假里悠闲的阅读时光。

希望这些描述能激发你的创作灵感，祝你创作出优秀的作品！

图 6-28　豆包回答 -4 幅作品的描述

6.3.2 即梦AI：打开绘画的脑洞

打开即梦网页，手机端也可以尝试，操作思路是类似的。为了展示更全面的功能，本案例使用的是网页版本的即梦 AI。如图 6-29 所示。

图 6-29 即梦 AI

选择 AI 作图按钮，使用即梦 AI 的作图功能，如图 6-30 所示。

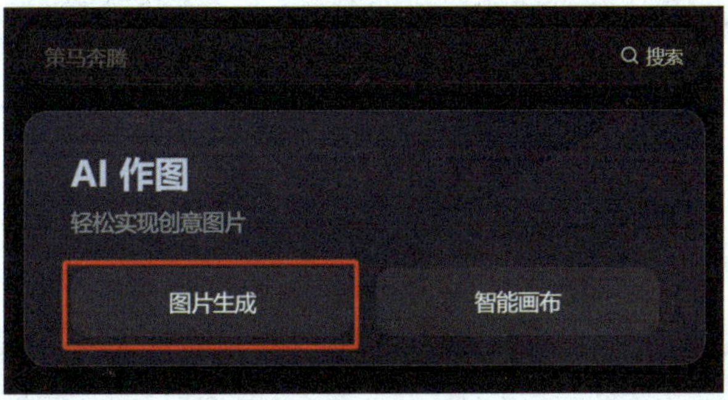

图 6-30 “图片生成”按钮

此时，页面会跳转到“图片生成”模式，如图 6-31 所示。

在这个区域，需要输入对于画面的描述，这样 AI 就能脑补我们想要的画面啦！如图 6-32 所示。

将刚才豆包生成的画面提示词复制到即梦 AI 中，来看看刚刚豆包“脑袋”里面想的是什么。复制好提示词以后，点击下方的“立即生成”按钮，等待一段时间，神奇的“灵魂画师”即梦 AI 就会给我们画出漂亮的作品了。如图 6-33 所示。

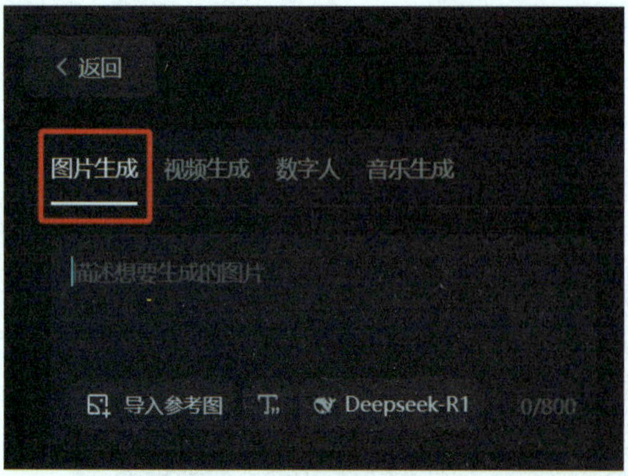

图 6-31　“图片生成”页面

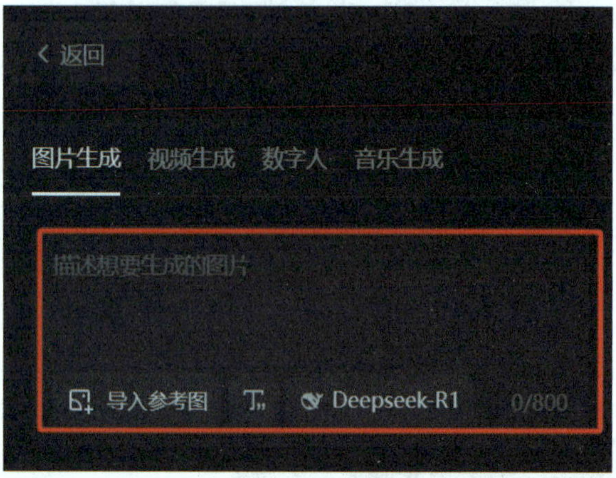

图 6-32　输入画面描述

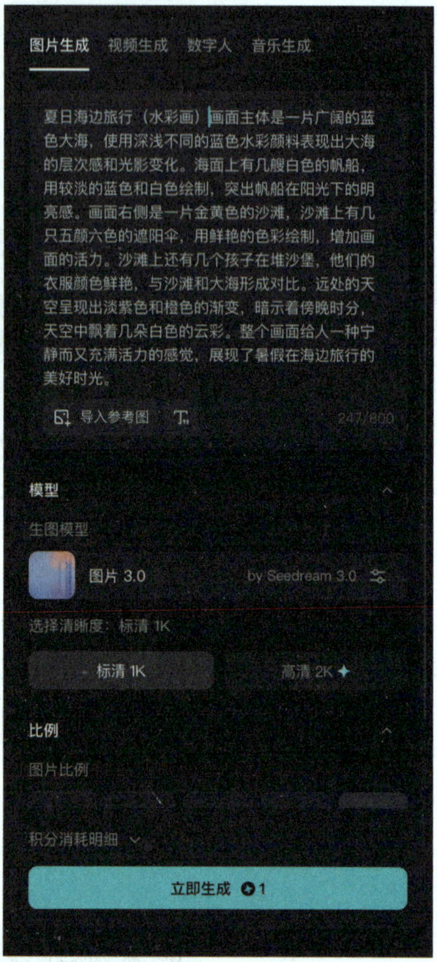

图 6-33　画面描述

短短几十秒的时间，即梦就“画”好了 4 张图，风格还是水墨画的，并且几乎所有文字描述中的元素都表现了出来。如图 6-34 所示。

图 6-34　AI 生图

我们选择其中一张，可以保存高清大图，如图 6-35 所示。

图 6-35 效果图

6.4 AI 音乐创作：用即梦 AI 谱写你的旋律

即梦 AI 除了可以制作图片与视频，还可以制作音乐。在本节案例中，同学们可以学会如何一键生成歌曲与纯音乐。歌曲还是人声唱出来的，而且旋律还挺不错。让我们马上来试试吧！

6.4.1 音乐生成：创作你的第一首AI歌曲

在即梦 AI 首页的左侧，找到“音乐生成”按钮，点击就可以跳转到音乐生成的相关页面，如图 6-36 所示。

当前是“音乐生成”模式，如图 6-37 所示，在这个页面，我们也可以很方便地切换到之前学习的“图片生成”与“视频生成”模式。

在音乐生成模式下，有“人声歌曲”和“纯音乐”两种模式，“人声歌曲”是有“歌手”演唱的类型，“纯音乐”则是乐器演奏的版本。如图 6-38 所示。

现在，让我们正式开始生成音乐，在文本框中输入歌词。歌词可以让豆包来帮我们写。不过这里还提供了一个更方便的功能，只需要点击“一键生词”功能，即使什么也不输入，也可以得到一个完整的歌词。如图 6-39 所示。

图 6-36 “音乐生成”按钮

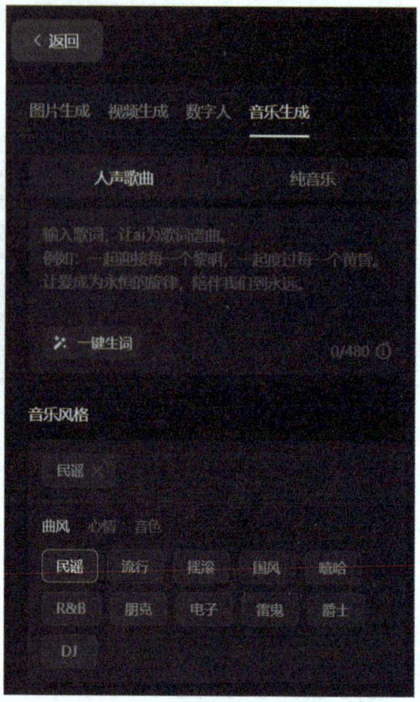

图 6-37 “音乐生成”页面

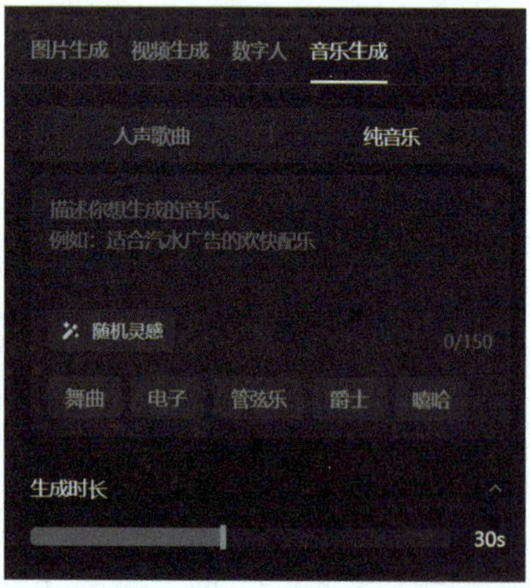

图 6-38 音乐生成

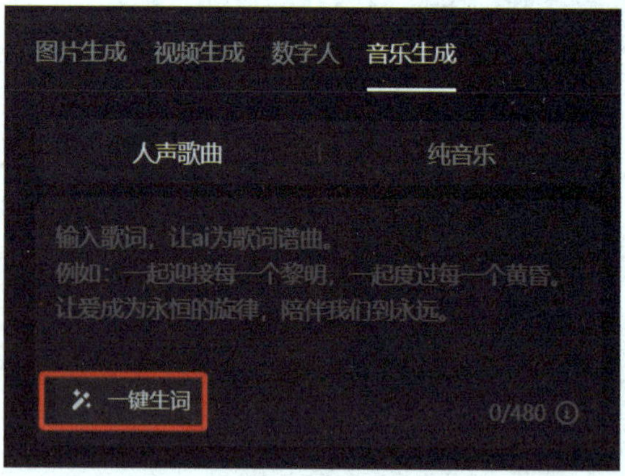

图 6-39 一键生词

等待歌词生成，如图 6-40 所示。

图 6-40 生成歌词中

生成好的歌词非常完整，如果对歌词有更高的要求，建议和豆包 AI 沟通，让它来帮助我们写歌词，如图 6-41 所示。

歌词完成后，我们点击下方的“立即生成”按钮，就可以等待“见证奇迹的时刻”啦！如图 6-42 所示。

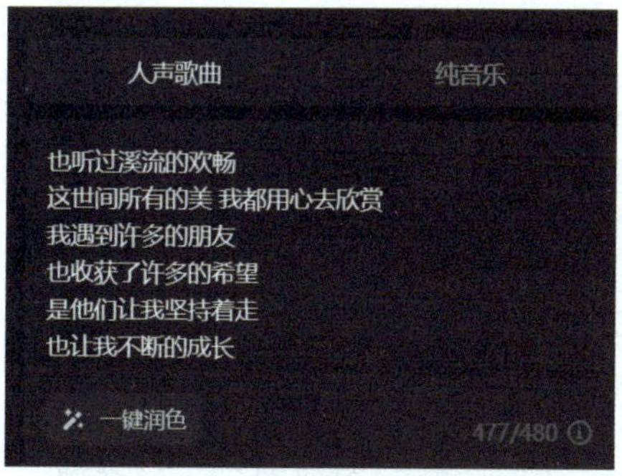

图 6-41　歌词生成完毕

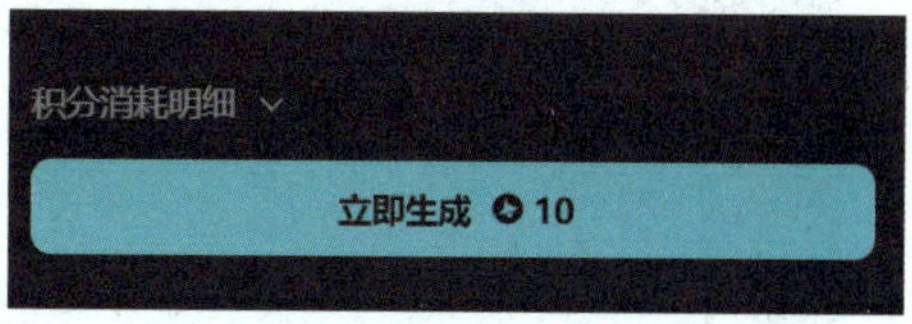

图 6-42　立即生成

等待几十秒的时间，即梦 AI 会生成完整的歌曲，在此之前，歌词的完整版与生成进度都会显示出来。如图 6-43 所示。

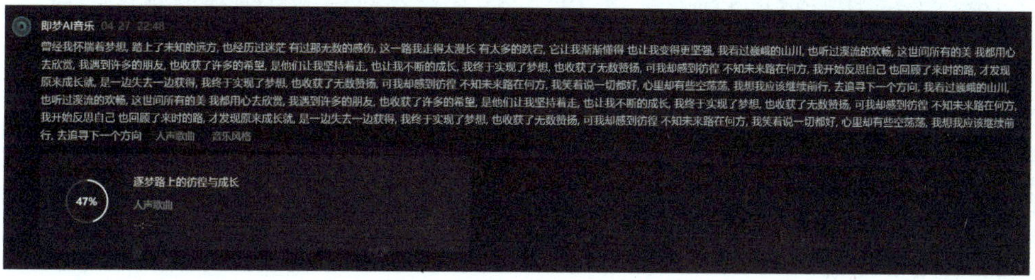

图 6-43　等待歌曲生成

歌曲生成完成以后，歌曲名称、歌曲封面也会一同完成，如图 6-44 所示。

图 6-44　音乐生成完毕

我们可以在线试听歌曲，如果点击鼠标，会跳转到播放器页面，可以查看歌曲更详细的信息。如图 6-45 所示。

在播放器页面中会展示更完整的信息，如图 6-46 所示。

图 6-45　歌曲信息

图 6-46　音乐播放页面

下面我们再来做一个有趣的实验，保持之前的歌词不变，这次我们把“曲风”更换成“流行”（默认状态下是“民谣”）。不同的曲风会有比较明显的区别，同学们如果有兴趣，可以使用同样的方法，去探索不同类型的曲风，感受一下摇滚、国风、嘻哈等不同音乐风格的魅力。如图 6-47 所示。

我们将歌曲的“心情”换成“快乐”，让旋律欢快起来，如图 6-48 所示。

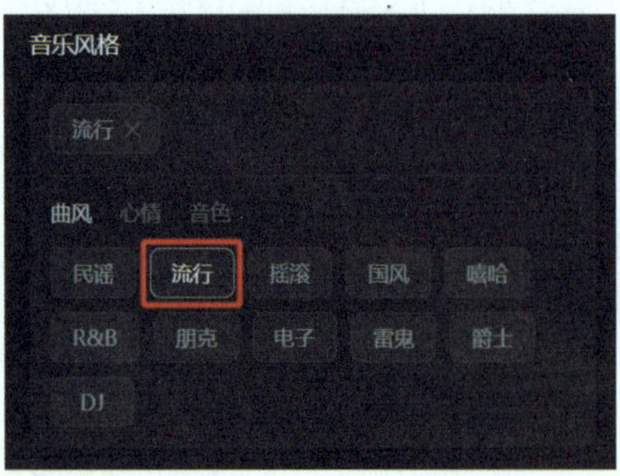

图 6-47　更换曲风

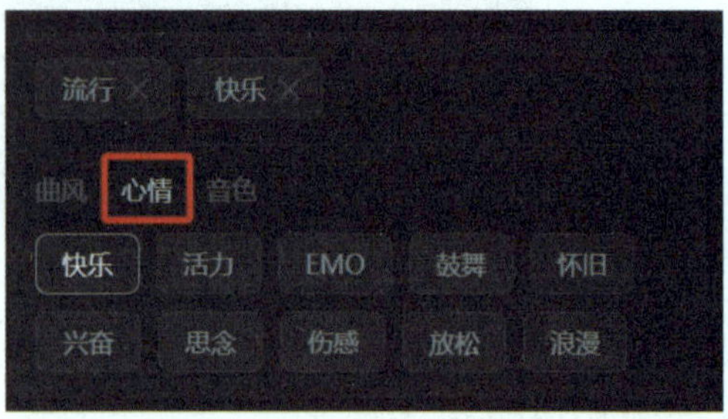

图 6-48　更换“心情”

最后，将音色设置为“女声”，再次生成新的音乐，如图 6-49 所示。

这次生成的标题、封面都是欢快风格的，如图 6-50 所示。

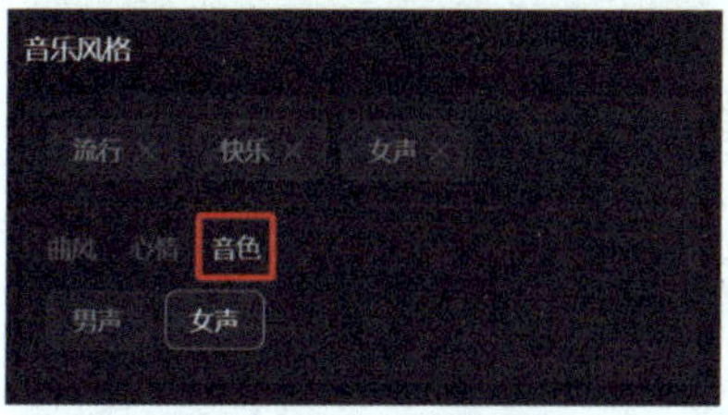

图 6-49　更换音色

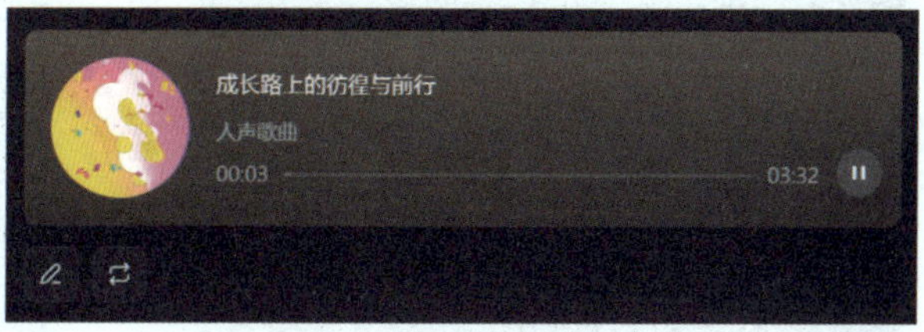

图 6-50　再次生成音乐

虽然歌词是一样的，但是风格和刚才的民谣风格相比，已经有了非常大的区别，如图 6-51 所示。

图 6-51　音乐播放器展示新风格

6.4.2　风格调整：打造专属音乐风格

接下来，我们来了解一下“纯音乐”的生成页面，这个模式要比“人声歌曲”的操作简单一些，我们可以在文本框中输入对于音乐的描述，比如欢快轻松的旋律。如图 6-52 所示。

我们在这里简单输入“轻音乐”，其他参数保持默认，让即梦 AI 生成音乐，如图 6-53 所示。

等待一段时间，即梦 AI 帮我们生成了一首“无题”的纯音乐，如图 6-54 所示。

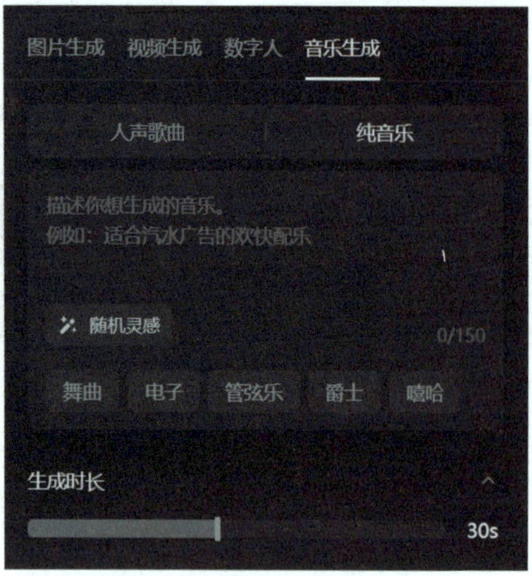

图 6-52　音乐生成 - 纯音乐

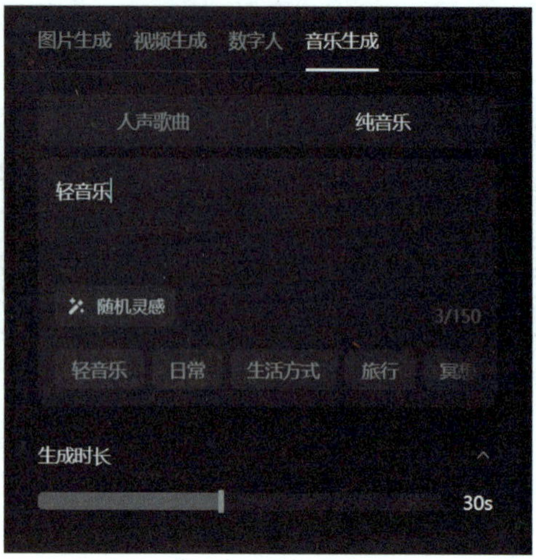

图 6-53　输入描述

图 6-54　生成纯音乐

歌曲封面也是静谧的河流和山脉，如图 6-55 所示。

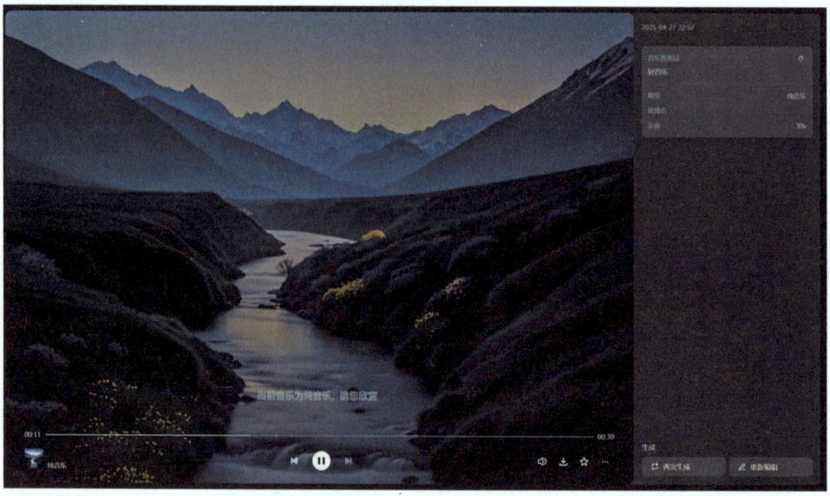

图 6-55　音乐播放

6.5 让 AI 再现《桃花源记》

本小节的内容十分精彩，请各位同学千万不要错过。我们将使用豆包 AI 与即梦 AI 互相配合，做一个 AI 版本的、绘声绘色的《桃花源记》。

我们节选桃花源记的一小部分文章，开始制作视频内容。

首先跟豆包对话，让它为我们创作《桃花源记》的短片脚本。脚本就像我们玩“角色扮演游戏”时，需要先商量好“谁演什么角色”“在哪里玩”“说什么台词”，短片脚本就是把这些想法写下来的“拍摄计划书”。如图 6-56 所示。

图 6-56　与豆包对话

根据我们的需求，豆包创作了一个短片的脚本，脚本内容包含了本片有多少个片段，每个片段大致有什么内容等信息。如图 6-57 所示。

图 6-57　豆包回答（1）

我们可以把短片脚本下载到本地，方便查看、编辑、复制，如图 6-58 所示。下载完成后会有提示，打开文件就可以查看详细内容，如图 6-59 所示。

我们回到即梦 AI，使用 AI 视频中的“故事创作”功能，这个功能可以将一段一段的故事描述自动生成视频，然后拼凑成一个完整的视频，最后还能剪辑添加音乐。非常适合我们这个小案例，并且还很简单实用。如图 6-60 所示。

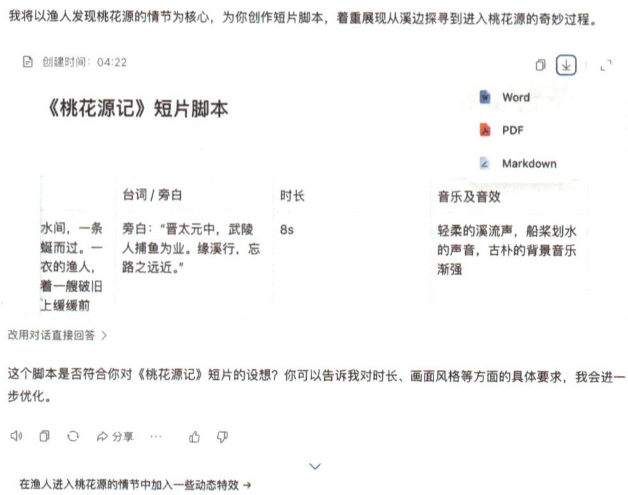

图 6-58　豆包回答（2）

图 6-59　下载文件

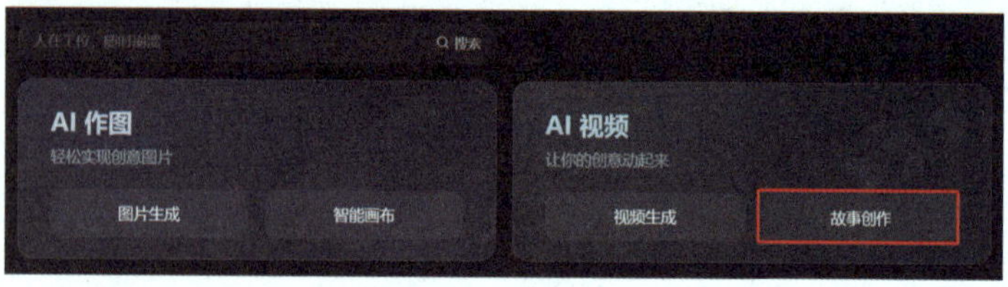

图 6-60　“故事创作”按钮

打开“故事创作”之后，就可以看到页面中间出现一个方框，这个位置可以预览视频画面，如图 6-61 所示。

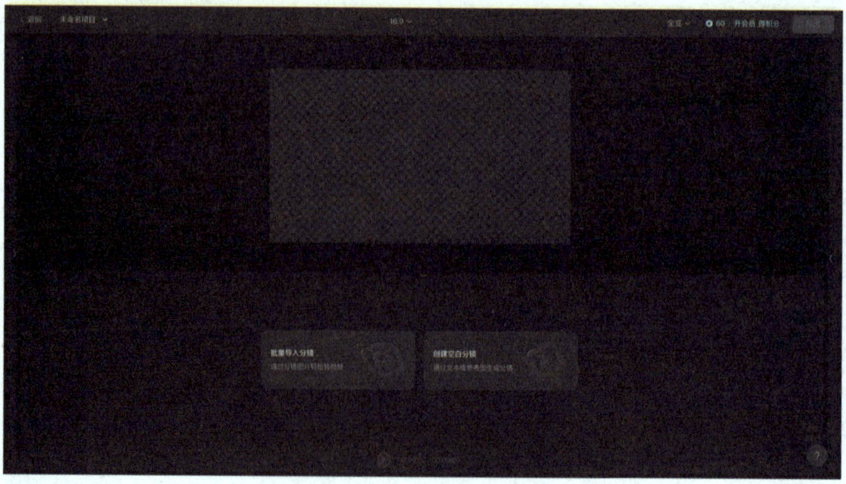

图 6-61　故事创作页面

下方的两个按钮，我们选择“创建空白分镜”，如图 6-62 所示。因为我们是从零开始让 AI 生成画面内容，所以选择这个模式。

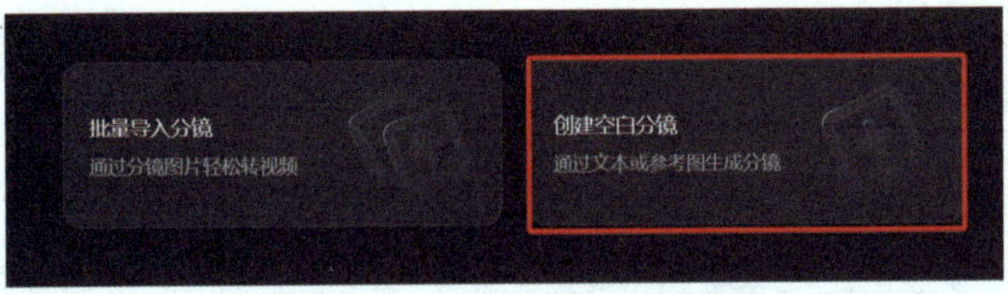

图 6-62 “创建空白分镜”按钮

开始状态下只有一个“分镜 1”，意思是整个视频当前只有一个视频片段，我们需要建立更多的视频片段，扩充完整的视频。所以，需要点击“创建空白分镜”按钮。如图 6-63 所示。

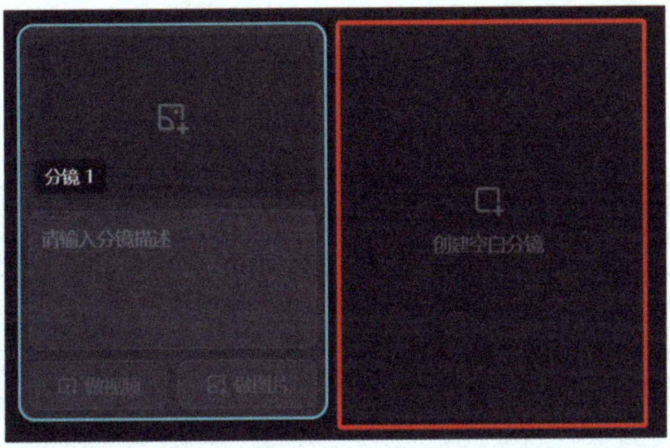

图 6-63 创建空白分镜页面 - 分镜 1

点击一次“创建空白分镜”，就会新增一个分镜，以此类推，我们后面还需要创建更多的分镜，如图 6-64 所示。

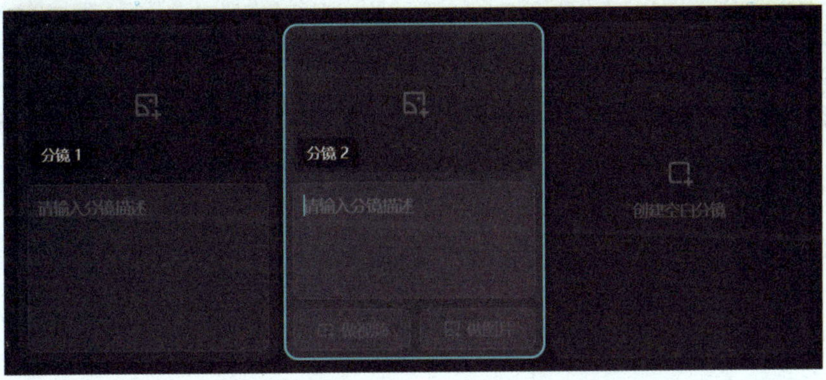

图 6-64 创建空白分镜页面 - 分镜 2

接下来，将豆包 AI 生成的一些画面描述复制到文本框中，分镜 1 复制画面 1 的描述，分镜 2 复制画面 2 的描述，以此类推。如图 6-65 所示。

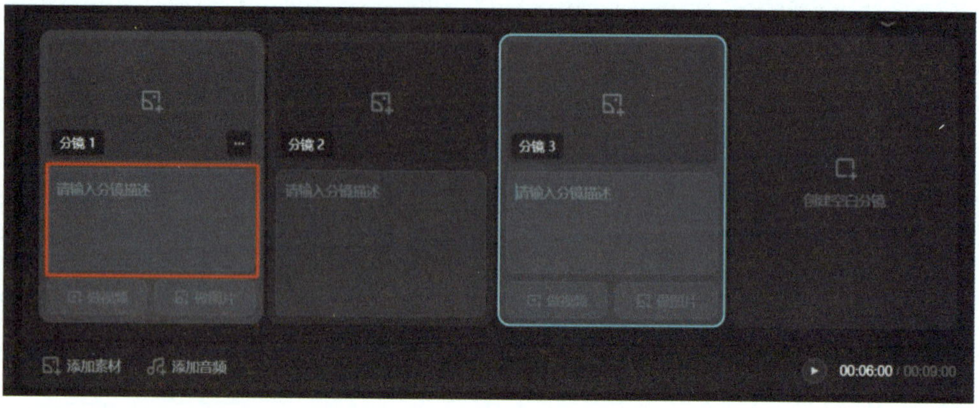

图 6-65　输入画面描述

由于一共有 11 个画面，所以需要创建 11 个分镜，同时，依次将豆包写好的脚本（画面描述）复制到对应的位置。如图 6-66 所示。

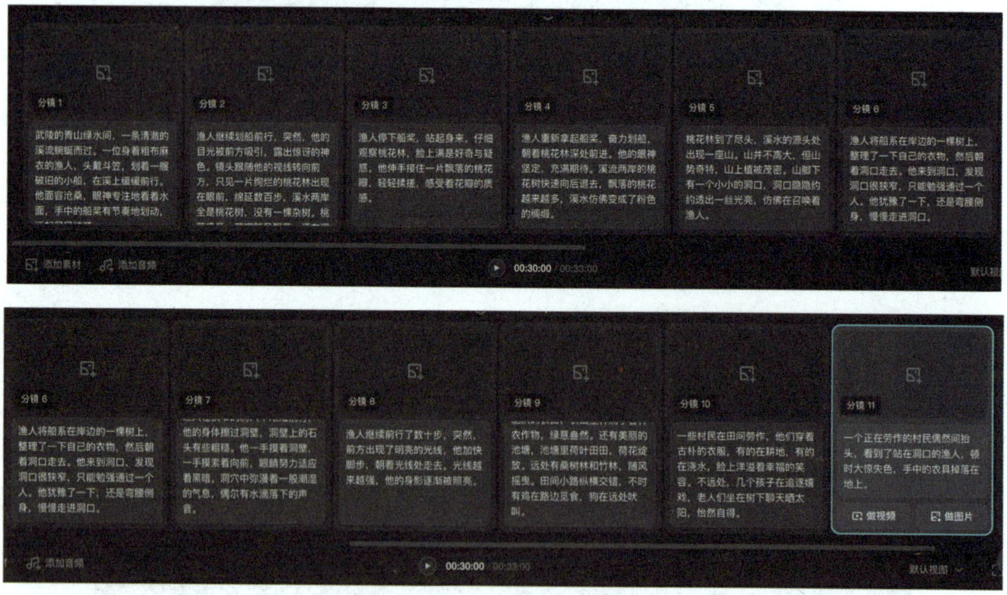

图 6-66　输入全部画面描述

最后，依次生成视频，豆包 AI 会将每个视频片段拼成一个完整的视频。如图 6-67 所示。

视频生成完成以后，可以在线播放预览，如图 6-68 所示。

生成完成以后，可以点击右上角的“导出”按钮，再选择“导出成片”，就可以得到一个完整的 AI 视频了，如图 6-69 所示。

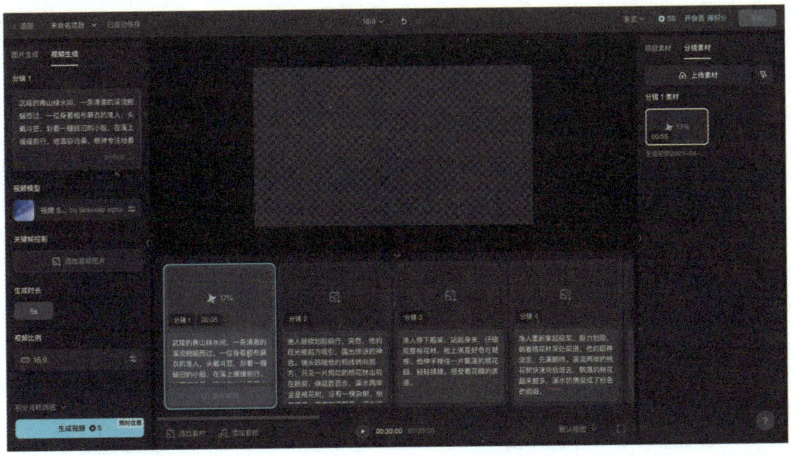

图 6-67　生成视频

图 6-68　视频生成完成

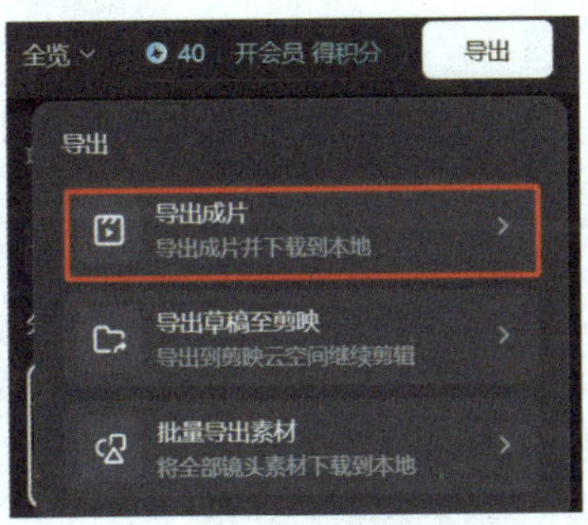

图 6-69　导出成片

视频画面截图如图 6-70 所示。

图 6-70

图 6-70　视频画面截图